独角兽 文库

阿里巴巴：

裂变之路

李涵 编著

中国致公出版社
—China Zhigong Press—

图书在版编目（CIP）数据

阿里巴巴：裂变之路 / 李涵编著. -- 北京：中国
致公出版社, 2020（2023.4重印）
ISBN 978-7-5145-1441-4

Ⅰ.①阿… Ⅱ.①李… Ⅲ.①电子商务—商业企业管
理—经验—中国 Ⅳ.①F724.6

中国版本图书馆CIP数据核字（2019）第186020号

阿里巴巴：裂变之路 / 李涵 编著

出　　版	中国致公出版社	
	（北京市朝阳区八里庄西里 100 号住邦 2000 大厦 1 号楼西区 21 层）	
发　　行	中国致公出版社（010-66121708）	
责任编辑	王福振	
策划编辑	陈亚明	
封面设计	金　帆	
印　　刷	艺通印刷（天津）有限公司	
版　　次	2020 年 4 月第 1 版	
印　　次	2023 年 4 月第 2 次印刷	
开　　本	710mm×1000mm　1/16	
印　　张	13.5	
字　　数	215 千字	
书　　号	ISBN 978-7-5145-1441-4	
定　　价	42.00 元	

　　1999年，一个仗剑走天涯的年轻侠客闯入了互联网这片江湖，他凭着自己的一腔热血和在江湖上的好人缘，创立了属于自己的门派——阿里巴巴，从此，阿里巴巴一发不可收拾，从一个小城镇走向全国，又踏入了世界。

　　阿里巴巴，就像它的名字一样带有传奇色彩。从创办到现在的20年间里，它完成了一件又一件"不可能"的任务。

　　2007年，阿里巴巴香港上市，一下子造就了近千名百万富翁和千万富翁，后来更是一跃增长到万名千万富翁，成为名副其实的"造富工厂"。不少人开始思考，阿里巴巴的秘诀是什么，它的管理有什么特殊之处？其实，了解阿里巴巴的人知道，管理其实很简单，但正是这种简单，打败了众多复杂的企业，昂首列于众企业的前端。

　　彼时，马云励志要做102年的企业，并将此列为三大愿景之一。马云说："我们第一的产品是我们的员工，因为我们相信，我们的员工强大了，我们的产品自然会强大，我们的服务会做好，客户才会满意。"

　　在成立阿里巴巴后，马云也本着与社会、与阿里巴巴员工共享共赢的原则，给社会带来了翻天覆地的新变化，也创造了无数阿里巴巴的百万富翁甚至千万富翁。如果说英语给马云开了一扇新世界的大门，那么他行侠仗义的性格也让他在创业的道路上越走越远。

与其他互联网企业相比，阿里巴巴胜在文化，也胜在价值观。在这个物欲横流的社会，大部分企业家都会想方设法敛财，阿里巴巴真的将企业贡献当作一件必做的事情。

如果能有幸成为阿里巴巴集团的一员，我们便不难发现这家公司的神奇与独特之处。这里的员工是快乐的，他们是真的将自己的工作当作一项事业在做。

阿里巴巴的成长之路当然不是一帆风顺的，就像前面说的那样，其创始者马云最开始并未选择互联网行业，而是一心想凭借英语"下海"经商，一切并不顺利，但是他坚决不做任何人的打工仔，一心扑在了创业路上。这一路，马云做过大学教师、做过夜校兼职教师、创办过海博翻译社、做过推销员、创办过中国黄页等。这些都成为阿里巴巴日后创建的得益点，而这种百折不挠越挫越勇的精神，也让阿里巴巴最终站稳了脚跟。

本书按照时间顺序，完整记录了阿里巴巴的一路成长，同时详细描绘了众位人才在管理、运营方面的心得，让读者能切身感受阿里巴巴人原汁原味的思想与经验。

倚楼听风雨，淡看江湖路。如此五彩斑斓的历程，就注定了阿里巴巴与其他企业的不同之处。那么，阿里巴巴是如何从一个只有十几人的小企业，一步步成长为国际互联网巨兽的？就让我们在这本书中寻找答案吧。

C O N T E N T S |目录|

第 一 章

激情燃烧的阿里岁月

一、阿里巴巴与"十八罗汉"

走在大街上，几乎每家店铺都贴着"支付宝"扫码标签，路边都停放着一排排整齐的"哈罗"单车，路过的人们手里拿的手机上，大部分都是刷"淘宝"的界面，有人说，"我这个月花呗又超了"；有人说，"我要去菜鸟驿站取个包裹"；有人说，"一会儿上'饿了么'下个单"；有人说，"我余额宝虚拟金赚了4块多"……

如果时光倒流到20年前，人们肯定会纳闷，他们都在说些什么？因为在20年前，它们的母公司——阿里巴巴还没有成立。

1999年3月，阿里巴巴的创始人马云和其他17个"战友"，怀着满腔热情和梦想，来到了一个叫"湖畔花园"的小区。到了16栋3层，18个人在其中的一个小房间里，心事重重地开了个会。

由于当时的资金短缺，屋里什么家具都没有，简直是家徒四壁，只有一个破旧的沙发被挪在了一边，于是大家席地而坐，马云站在中间讲，他整整讲了两个小时。

彭蕾回忆说："几乎都是他在讲，说我们要做一个中国人创办的世界上最伟大的互联网公司，张牙舞爪的，我们就坐在一边，偷偷翻白眼。"

就这样，马云以阿里巴巴的美好愿景为前提，"忽悠"大家一起开始了创业之路。在"忽悠"过程中，马云宣讲完了自己的创业想法，然后将自己的钱掏出来，说道："我们的启动资金必须是闲钱（Pocket money），不许向家人朋友借，因为失败的可能性极大。"然后接着又说，"现在，你们每个人留一点吃饭的钱，将剩下的钱全部拿出来。"

就这样，靠这18个人东拼西凑来的闲钱，马云集到了创办阿里巴巴的最初本金，50万元，而这18个人，也被称为阿里巴巴的"十八罗汉"。

"十八罗汉"里，有哪些人呢？第一位自然是董事局主席马云，其次就是他的夫人，担任集团顾问的张瑛。

再有就是集团的CFO——蔡崇信。他的祖籍是浙江省湖州市南浔区双林镇，出生于台湾。拥有耶鲁大学经济学学士及耶鲁法学院法学博士学位，绝对是一个经济和法律方面难得的人才，蔡崇信在阿里巴巴刚成立时加入，就任CFO。他的到来，才使公司真正规范化运作起来。

在看到阿里巴巴的情况后，蔡崇信火速赶回香港，他放弃了70万美元年薪的德国投资公司工作，千里迢迢来加入阿里巴巴。为了公司的愿景和发展，他甘心每月只拿500块人民币的薪水，也正是这个决定，使得蔡崇信成为了阿里巴巴的创业元老。

虽然阿里巴巴的创始者马云也有过两次创业的经验，但在专业方面他还是个新人，为了让阿里巴巴尽快走上轨道，蔡崇信亲自去工商部门为阿里巴巴进行了注册。至于股份和权益这些很多人都不太懂的知识，也是蔡崇信边擦汗水，边用白板给大家一点一点讲清楚的。当时的18份英文合同完全符合国际惯例，这也是蔡崇信做好后，再让马云和其他人签字的。

可以说，蔡崇信的到来，才使得阿里巴巴变成了一个正式的公司，他是马云在阿里帝国创建史中，当之无愧的第一位贵人。

在"十八罗汉"里还有一个人很重要，那就是谢世煌。在阿里巴巴集团里，知道说话慢言细语的谢世煌的员工并不算多。但对于阿里巴巴集团来说，谢世煌是该公司最重要的人物之一。他也是除马云外，唯一一个持有阿里巴巴集团营业执照的人。2016年胡润IT富豪榜, 谢世煌以165亿元排名第20。他也是马云最信任的兄弟。然而在创业之初, 他却十分贫困, 谢世煌是国企的一名员工, 当时每月的收入仅有82元。

1992年, 谢世煌从沈阳工业大学财务管理专业毕业, 就职于中国空分设备公司, 主要是负责大型化工设备的销售结算。

1995年4月27日, 谢世煌凭着自己对电脑的兴趣, 以及对IT行业粗浅的认识, 应聘进入当时算是杭州信息产业前沿的杭州迪佛通信有限责任公司, 负责对外投资业务, 而他也成为中国的第一代网民。

1996年, 一个偶然机会, 他听说了《中国黄页》。后来在与马云的几次接触中, 谢世煌感觉到马云"非常另类, 甚至连走路都跟别人不一样, 总是风风火火的"。经过一番深入了解, 他开始被阿里巴巴的企业文化打动, 直觉告诉他, 阿里巴巴是家值得加入、值得托付的公司。

1997年, 谢世煌在迪佛通信公司已算是高薪阶层, 年薪4万多元, 而当他听说马云要离开《中国黄页》, 要带着一个团队到北京外经贸部发展时, 他就再也坐不住了。他决心辞职, 跟马云一起走。最后成为了阿里集团创业的"十八罗汉"之一。

除了马云夫妇、蔡崇信、孙彤宇、谢世煌外, 十八罗汉还有吴咏铭、彭蕾、戴珊、金建杭、蒋芳、师昱峰、盛一飞、麻长炜、楼文胜、韩敏、饶彤彤、金媛影和周悦虹。这其中, 韩敏、金媛影、蒋芳和被蒋芳称作"吴妈"的网络高手吴咏铭都是马云的学生。

为了实现阿里巴巴的互联网之梦, 这些人在很长的时间里, 每个月只能拿500块钱的工资, 并且在湖畔花园附近举步可达的地方租房子住。有的是两三个人在一起合租, 还有人索性住进了农家院, 至于吃饭就更敷衍了, 一开始大家还订6元的盒饭, 过了几天大家嫌6元的盒饭也太贵, 于是改订4元的, 到最后基本就是3块钱的盒饭。戴珊很喜欢吃梅干菜,有一次吃着盒饭，她突然对大家说："等我有钱了，我就去买一屋子的梅干菜！"

在那段艰苦却激情燃烧的岁月里，这18个人为了梦想聚集在一起，如今的他们虽然境遇各不相同，但是阿里巴巴和"十八罗汉"的故事，却会永远被人们记住。

二、阿里巴巴，芝麻开门

马云与"十八罗汉"创立阿里巴巴集团之初，虽然可供创业的资本很少，但大家还是将阿里巴巴定位成了全球性的大公司。

一个国际大公司的名字，自然是该响亮的、国际化的。因此，马云为了注册一个好的名字苦思良久，他特意召来了自己的得力干将们，希望能集合大家的智慧，给未来的公司取一个好名字。

众人绞尽脑汁，光是网站的域名，大家伙儿就给出了一百多个，比如"bargain.com""ok.com""open.com"等，可是对于这些名字，马云总觉得欠缺点什么，比如"ok.com"，既没有新意又太土，更加不具有代表意义，反正就是不满意。最后，在马云挑剔的标准下，大家连一个域名都想不出来了，这次的会议也就无果而终。

可不管怎样，网站的名字总是要有的呀。于是，取一个让马云满意的名字就成了大家眼下最重要的事，毕竟大家不能在一家没有名字的网站公司上班。就这样，大家都苦思冥想着，直到有一天，马云突然灵机一动，想到了"Double Click"这个名字，中文意思是双击，一提到双击，大家就会联想到互联网，还有着用鼠标双击打开世界的意思。

但不幸的是，这个有魄力的好名字已经被一个跟马云心有灵犀的美国人率先注册了，并且几年之后，这个名叫"Double Click.com"的美国企业发展成了世界上最大的网络广告联营服务商，马云还成了这家公司的重要客户。

就这样，马云无奈地放弃了这个苦思冥想出来的好名字。

直到有一次在美国一家餐厅吃饭时，他突然想到，互联网就像一个巨大又神秘的宝藏，等待着他们去寻找、去发掘，这不正像《一千零一夜》里的一则阿拉伯神话一样吗？

而《一千零一夜》里有一个家喻户晓的故事，主人公是一个叫作阿里巴巴的年轻人，他既正直又善良，在打败四十大盗后，他把寻找到的财宝分发给了穷苦人。马云觉得自己跟阿里巴巴简直太像了，他也不愿意自己独占财富，而是想跟大家一同分享。而且，阿里巴巴这种无私奉献又勇往直前的精神，不正是自己对未来公司发展的愿望和期盼吗？

想到此处的马云迫不及待地找来了餐厅服务员，问他知不知道阿里巴巴这个名字。服务员立刻回答说知道，并且还告诉马云说阿里巴巴打开宝藏的咒语是"芝麻开门"。听到了满意的答案后，马云给了服务生一笔小费，然后他又在各地反复地询问他人，经过这个简单的调查，马云发现阿里巴巴的故事几乎被全世界的人所熟知，并且不论国家，不论语种，阿里巴巴的发音也近乎一致。马云自己也说："从我外婆到我儿子，他们都读阿里巴巴。"就这样，马云决定将"阿里巴巴"确定为公司的名字。

马云选择"阿里巴巴"这个名字，主要是因为他希望阿里巴巴成为全世界的十大网站之一，也希望全世界只要是商人一定要用他们的网站。既然有这样一个想法，就需要有一个优秀的品牌、优秀的名字，能让全世界的人都记得住。

既然名字都已想好，接下来就是注册这个已经想好的域名了，但是马云心里隐隐觉得不太妙，这么脍炙人口的故事，这么多人都知道阿里巴巴，也许这个域名早就被人注册了呢？果然，当马云去注册域名的时候，就得到了这样的回答："'阿里巴巴'这个域名已经被一个加拿大人注册了。"

于是马云和他的战友们又面临了一个抉择，是放弃这个域名重新想下一个，还是把这个域名买下来呢？当时仅仅犹豫了几秒钟，因为马云和他的小伙伴们认定了这个名字将来会流传到全世界。何况这个域名是被个人注册的，而不是被企业注册，搞定这个加拿大人应该还是比较容易的。经过跟加拿大人的沟通，对方认为这个名字一定奇货可居，开口就要价1万美元，在那时相当于8万多元人民币，而马云他们的创业资金只有50万元，连互联网公司前期的宣传费都不够，哪能匀出8万多元去买一个名字呢？

大家出于资金不足的考虑，一直犹豫着到底要不要买下这个名字，而那个加拿大人就是认定了这个名字可以赚一笔，于是死不松口，就要1万美金。在大家就要放弃这个域名的时候，马云给雅虎的搜索引擎技术的专利发明人，也是著名的网络专家吴炯打了个电话："1万美元买一个域名，你觉得贵吗？"在这个关键时刻吴炯的回答点醒了马云："我认为这简直太便宜了，你不是要办一个国际化的公司吗？赶快买吧，不然人家可能会再抬价。"

就这样，马云被吴炯的一番话给点醒了，他咬牙下了决心，从公司的50万元里拿出8万多元兑换成了1万美金，买下了阿里巴巴这个域名。虽然价值不菲，但是比起后来2005年，谷歌花上百万美元赎回几年前被别人抢先注册的两个CN（google.com.cn和google.cn）域名来说，马云的一万美金还是相当便宜的了，因为这个决定不但为马云省下了上百万美元，还为他省下了宝贵的时间。

在杭州的湖畔花园，马云带领着阿里巴巴集团最初的伙伴们，进行了一场誓师大会，而这场誓师大会的视频现在还流传在网上。一个瘦小的、其貌不扬的男人站在民房的正中间，进行了一场激情四射的演讲："黑暗之中，我们一起摸索，一起喊叫，一起向前冲！我在后面喊，你们只顾往前冲就是了！就是往前冲，一直往前冲！十几个人手里拿着大刀，啊！啊！啊！向前冲！有什么好慌的！"

从这段被记录下来的视频里，我们可以看出马云和"十八罗汉"们迫切想要成功的欲望，迫切想要逆境重生的坚强。这场湖畔旁的誓师大会，带给他们的是心灵的鼓舞，然而在大会过程中，他们所处的民房的墙壁上却突然渗出水来。这渗出的水仿佛是一盆刺骨的凉水泼在众人的脸上，也把他们拉回了现实，看着周遭艰苦的环境，众人怎么可能不失望？怎么可能不沮丧？然而，马云镇定自若地告诉大伙儿，他要先出去找点材料。

没过多久，马云抱着一捆旧报纸贴起了有些霉变的墙壁。接下来，众人纷纷上前帮忙，于是马云高兴地决定，干脆将所有墙壁都贴上报纸，就像特殊的墙纸一样，既统一又别致。大家默契地贴着报纸，马云继续开始他的誓师大会。

为了让阿里巴巴走得更远，马云给大家提出了3点目标："我们这家电子商务公司的首要目标就是要生存80年；其次，我们的公司服务对象是中国的中小企业；最后，我们既然要创建，就要创建世界上最大的电子商务公司，至少也得进入全球网站排名的前10位。"

马云的话总是能让大家燃起斗志和激情。是啊，人生在世，就是要走那条最艰难曲折但最有意思的路，既然要提出梦想，就要有一个最绚丽圆满的梦想，谁又能保证自己的梦想不会成真呢？虽然他们现在还看不到未来，但是没有一颗坚定的心，又怎么能走到未来呢？这个世界永远都不缺人，也不缺敢于闯荡的人，缺的只是敢于闯荡而又坚持不懈的人。

马云在阿里巴巴誓师大会上对所有的人说："以你们的能力，想在杭州城里拿个三四千元是件轻轻松松的事情，你们在杭州城里找了一份工作，安安稳稳的就享受了生活的安逸，过不了多久你就会失去干劲。你一个人出来闯荡，虽然心慌，虽然有可能失败，但是这种闯劲是难得的，即使你失败了，三五年后你还是可以找到一份好工作。"

趁着年轻搏一搏，这是很多年轻人都有过的念头，有的人害怕失败，有的人不能坚持，有的人却能够越挫越勇，百折不挠，这就是人跟人的区别。好在，湖畔花园旁的誓师大会，阿里巴巴历史性的一刻，传奇性的一刻，都被旁边的摄像机忠实地记录了下来。

三、阿里融资，蔡崇信加入

在湖畔花园的誓师大会后，大家就正式做好了长期艰苦奋战的准备，当时，公司的全部资金就只有大家东拼西凑来的50万元，还要刨去买域名的8万多元，剩下的资金要想支撑着阿里巴巴稳妥快速地发展，不但需要赚，还需要省。

马云把家里最大的一间屋子作为会议室，到了晚上，这间"会议室"就成了小伙伴们的栖身之所。有时候工作到很晚，大家都非常疲惫了，也没有回家洗漱一下好好睡觉的精力，于是他们干脆就把会议室当成了卧室，拿着床单被褥就打地铺对付一晚，第二天早起简单一收就可以继续工作。于是大家彼此都成了"睡在我上下铺的兄弟"，有时候早上来会议室上班的女孩子推门一看，总能看到一群横七竖八、鼾声如雷的男人们。

但正是这样艰苦的环境，才锻炼出了与阿里巴巴精神相契合的第一支"铁军"。除了吃住，出行也成了省钱的点，能步行的绝对不坐公交，能坐公交的绝对不打车，当时彭蕾和谢世煌担任公司的出纳和会计，为了给阿里巴巴省钱，他俩使出了浑身的解数。

彭蕾是个女孩子，谢世煌又是穷苦人家出身，两人劲往一处使，给公司省出了相当大的一笔开支，当买办公用具和必要的设备时，两人总是货比三家，直到找到最实惠的为止。后来，当彭蕾和谢世煌成为阿里巴巴副总裁时，两人回忆起这段艰辛岁月都会不由自主地笑出声来。

对于阿里巴巴的发展来说，除了赚钱和省钱外，最好的办法无疑是融资。什么是融资呢？融资就是一个企业筹集资金的过程和方法。

也就是说，阿里巴巴需要根据自身的生产情况、经营状况、资金拥有的现状，以及公司未来发展的需要，通过科学的预测和决算，采用一定的方式，从一些特定的渠道筹集资金，以保证公司正常的生产需要和经营管理活动，所需要的一种理财行为。由此可见，融资不是大家都会的，因此，阿里巴巴急需一位懂融资会操作的高等人才，这个人就是蔡崇信。

有媒体戏称，蔡崇信是阿里巴巴背后的男人。可以说，如果没有他，阿里巴巴也不会发展得这么快、这么好。蔡崇信出生于台湾，在美国接受教育，是一位典型的从美国长大的海归精英。他不仅拥有耶鲁法学院法学博士的学位，还拥有耶鲁大学经济学士的学位。

在跟马云见面后，马云将阿里巴巴的企业愿景讲给了蔡崇信，"我们内地拥有这些数以百万计的工厂资源，但它们现在还处在黑暗之中，甚至看不到光明，我们要做的是，帮助这些内地的工厂接触到西方世界……"

蔡崇信颇有感触。"商业资源分布是很不平均的，可以将互联网看作一个均衡器，互联网可以让商业领域平衡起来。"蔡崇信认为，阿里巴巴想把内地的小工厂都推上线的企业愿景很伟大，这种真诚和热情深深地打动了他。

接着，蔡崇信提出了想要参观一下阿里巴巴，马云虽然犹豫着有些不情愿，但还是同意了蔡崇信的请求。马云带着他参观了阿里巴巴在湖畔花园的会议室，就在踏进门口的那一刻，蔡崇信震惊了。

一间不算大的屋子里坐了20个人，地上到处都是床单，蔡崇信简直以为自己来到了一间"难民营"。然而下一秒，他就被阿里巴巴的"罗汉"们给吸引住了。

这些员工十分努力，每个人都有着疲惫却激情的面孔，彼此配合的也是默契十足，就像一个大家庭一样，每个人都在争分夺秒却又井井有条地处理着自己的任务，他们眼里传递着激情和渴望，脸上洋溢着欢笑，他们有的是大学生，有的是技术员，有的是国际贸易人才，有的是工程师……这些高级人才都心甘情愿地在这间简陋狭小的办公室里，与阿里巴巴一起并肩战斗。

马云笑着给蔡崇信介绍说，这些追随者们当初都是他的学生，蔡崇信深深地被眼前的景象所折服。是啊，一家公司该有多大的魅力，才能吸引住这么多高级人才多年来的不离不弃，风雨相随。就在这一刻，蔡崇信心里升起了一股想要加入阿里巴巴的冲动，也许有一天，阿里巴巴真能成为一个令人咋舌的互联网巨兽。

回到香港之后，蔡崇信满脑子都是在湖畔花园会议室的那一幕，马云跟他的谈话内容总是在他的脑子里回响，这让他迫不及待地想再次见到马云。于是半个月后，他带着自己怀孕的妻子，再次来到了杭州，来到了阿里巴巴。

马云见蔡崇信连夫人都带来了，自然要一尽地主之谊，于是就带着蔡崇信和他的夫人来到西湖泛舟，3个人有说有笑的一边聊天一边划船，当船划到正中央的时候，蔡崇信看了妻子一眼，转过身郑重地对马云说道："Jack，香港那边的工作我不干了，我加入阿里巴巴，跟你一起干好吗？"

当时的蔡崇信一脸认真，没有半点玩笑的意思，听了这话的马云简直不可置信，立刻跳起来问他："你不是在跟我开玩笑吧？你在香港有6位数的年薪，我这儿可只有500块钱的月薪啊！"先前一直没有说话的蔡崇信的妻子张了口："Jack，如果不让他来你这里，他可能会后悔一辈子的。"蔡崇信接着又说："我既然带着太太一起来，就有决意要留下的意思，你收下我吧！"

既然蔡崇信都这样说了，马云自然不能再拒绝，马云问他是不是想好了，蔡崇信郑重其事地点了点头，马云激动得差点掉到西湖里，说："那你就来帮我们管钱吧！我们正需要你这样懂法律、懂财务的高级人才！"随后，蔡崇信便辞掉了瑞典Investor AB公司年薪70万美元的工作，正式加入了阿里巴巴。

之前的员工们虽然在技术和管理公司日常上都是把好手，但是对于专业的财务和法律知识，以及如何去运营一个公司都是门外汉，马云正需要一个优秀的舵手带着他们扬帆远航，马云对蔡崇信开玩笑地说："我们一直没成立正式的公司，就是等着你过来帮我们搞呢。"

虽然蔡崇信才刚刚加入进来，但立刻就成了阿里巴巴的CFO，对于蔡崇信的这个职位，大家都是心服口服的。因为蔡崇信的加入，使得阿里巴巴这个公司从一开始就在制度建设上与国际接轨了，而阿里巴巴的第一份参股合同，就是蔡崇信一手做出来的，这份参股合同是一份完全符合国际惯例的英文合同，上面明确了每个人的股权和义务。

大家对于这方面都还是"职场小白"，于是蔡崇信就不厌其烦地给那些连股份是什么都不知道的员工上课，给他们普及股份是什么，股东权益是什么，股权稀释又是什么……这份参股合同对于阿里巴巴来说意义重大，它意味着阿里巴巴的创始人的股东地位在法律上得到了完全的认可，也为日后的"造富"运动做了铺垫。

蔡崇信没来多久，就成了阿里巴巴员工中的骨干人物，他一手铺好了阿里巴巴走向正规的道路，这个儒雅的男人也成了马云最有杀伤力的军师，成为了马云的"左膀右臂"。

虽然他们都是1964年生人，性格却是南辕北辙，蔡崇信安静而儒雅，总是听得多说得少，而马云却是幽默开朗，喜欢演讲喜欢聊天，也许正是这种性格上的互补，让两个人不但成了工作上最默契的伙伴，也成为生活中的知音，堪称商业史上的最佳拍档。

蔡崇信在财务上确实是一个不可多得的高级人才，从蔡崇信加入阿里巴巴的那一刻起，阿里巴巴就成了一个正规的公司。

四、孙正义与阿里巴巴

对于阿里巴巴来说，发展初期的融资很重要。如果没有融资，很多目标和构想就无法实现，公司也会因为缺乏储备金而加大风险。

从阿里巴巴的角度看，如果蔡崇信是那个能融来钱的人，那这个人就是能真正拿出钱来的人，他就是——风投商孙正义。

孙正义是在日本的韩裔人，祖籍是中国的福建省莆田市，生长于战后的六七十年代，那个时代，正是日本社会最崇拜美国的时代，孙正义也和其他的日本人一样，从小就对大洋彼岸的美国抱有浓厚的兴趣，并且立志要到外面去寻找自己的新生活。

1973年，孙正义16岁时，就越级进入了美国的加州伯克利大学就读，主修经济。在1975年的时候，18岁的孙正义在大学内贩卖从日本引进一种电子游戏并收获了人生的第一个100万美元。1976年，也就是孙正义19岁的那年，在学校期间利用名震一时的美国喷射推进实验室的资源，靠卖袖珍发声翻译器的专利给夏普公司，赚得了他人生中的第二个100万美元。毕业后，24岁的他依靠着自己的积累，在日本成立了软件银行，也就是我们常说的软银。

在成立软件银行（批发商）半年之内，他就与日本的42家专卖店和94家软件从业者有着交易上的往来，并且说服了东芝企业和富士通投资，扩大软件银行的规模，但因经营不善亏本。一年后，孙正义退回了财团原有的投资资金。他一肩担起了所有损失的责任，赢得了前辈们的佩服，软件银行也从此声名大振，为孙正义奠定了良好的事业信用基础。成立软银的当天，身材矮小的孙正义在一个箱子讲台上对他的员工们说："我们公司的营业额，5年要达到100亿美元，10年要达到500亿美元！"

创业初期的孙正义是疯狂的，他敢想，更敢做，在竞争激烈的投资行业里一路过关斩将，连雅虎的当家人杨致远都被孙正义所震慑，这种敢为人先勇往直前的态度跟阿里巴巴的精神简直如出一辙，这也是促进阿里巴巴和软银日后长久合作的原因。

蔡崇信来公司不久，就给阿里巴巴筹到了高盛公司的500万美元，解了公司的燃眉之急，在员工们欢呼雀跃的时候，又一个人来给阿里巴巴"贡献"资金了。

1999年10月28日，阿里巴巴方面接到了一位叫古塔的印度朋友的电话，他告诉马云："Jack，有个神秘人物要来北京了，这个人你一定要见一见，会对你的阿里巴巴有很大的帮助。"

马云对这位神秘人物有些好奇，古塔的坚持让马云决定去北京见一下这位对阿里巴巴可能有所帮助的"神秘人物"。

到北京后，古塔才告诉马云，这个神秘人物就是孙正义。而孙正义这次来北京的目的，就是寻找中国的"下一个雅虎"。

在古塔的引荐下，马云和孙正义见面了，孙正义见到马云的第一句话就是："说说你的阿里巴巴吧。"

马云也不知道孙正义到底要干什么，既然他要听自己讲阿里巴巴的故事，他也乐于为公司做个宣传。于是，马云就开始滔滔不绝地讲起阿里巴巴的愿景、文化和功能。

　　马云只说了6分钟，孙正义就被阿里巴巴所吸引了。于是他叫停了马云，只问了一句话："说吧，你想要多少钱？"

　　此时的马云一头雾水，虽然阿里巴巴前期资金很紧缺，但是蔡崇信来了之后，有38家风险投资商都被马云拒绝了，只收下了著名公司高盛的500万美元，所以说，当时的阿里巴巴还是不缺钱的。

　　可是孙正义就是这样的性格，当初他豪掷了3.55亿美元投资了雅虎，狠狠震慑了杨致远，之后又撮合合并UT斯达康并且推动它上市，一次性投资了4亿美元给美国的ERADE公司，从此后孙正义的名号在业内也更加响亮了，而他也成为互联网行业的"网络风向标"。

　　马云听完孙正义的话也不知道该怎么回答对方，只好实话实说："我没打算找你要钱啊。"听了马云的话孙正义更是愣住了："你不打算要钱找我做什么？"马云指了下古塔说："是他非要带我来见你的。"就这样，两个人都笑了，这一笑，就把原本的商业关系变成了朋友关系。

　　于是孙正义就对马云讲，虽然马云不打算要投资，但还是要让他多了解一点阿里巴巴，也算这一趟的北京之旅没有白来，于是马云清了清嗓子，理了理思路，正式给孙正义介绍了一下阿里巴巴的情况。

　　让马云没有想到的是，孙正义在听完他的介绍后，更加坚定了自己投资的信念，他不容置辩地说："不管你要不要，我一定要投资你们的阿里巴巴。"孙正义言出必行，还专门派了一个考察团去了马云的公司了解了情况。

　　这次的考察让孙正义更加坚持了投资的想法。因此，他又通过古塔联系到了马云，让马云无论如何再跟自己见一面。这一次，马云带上了蔡崇信，他意识到多一些资本也是好的，于是马云跟孙正义又坐到了一起，而这次双方会谈的地点就在日本东京软银公司的总部。

　　孙正义一见到马云，就干脆地问："我们要怎么谈？"马云想了一下，说："我们在不谈钱的前提下，你得答应我3个条件：第一，阿里巴巴只接受软银一家公司的投资；第二，软银不能只顾追求短期收益的回报，必须以客户为中心，以阿里巴巴的长远发展为中心；第三，孙正义本人亲自担任阿里巴巴的董事。"前两个条件孙正义痛快地答应了，第三个条件却让孙正义为难，因为他本人确实是公务繁忙，不可能每次都亲自去杭州参加董事会议，他只能答应马云成为公司的顾问，马云也同意了。接下来就是投资多少的问题。

蔡崇信已经三次拒绝了孙正义给的价钱，最后，在双方的再三谈判下，定下了3000万美元这个数字。一切都谈好了，正当孙正义把3000万美元打到阿里巴巴账户上的时候，马云却突然反悔了，理由是钱太多了。

之前，阿里巴巴已经接受了高盛的500万美元，阿里巴巴的资金对于当前的业务来说已经非常充裕，而阿里巴巴其他的小伙伴也不同意接受3000万美元，因为这样就会大大稀释他们在阿里巴巴的股权，导致阿里巴巴内部股东的控股不平衡，孙正义就会以3000万美元的投资做到阿里巴巴控股的地位。

于是马云又来跟孙正义谈判，希望孙正义把3000万美元改成2000万美元，因为马云不希望阿里巴巴被任何人控股。幸运的是，孙正义答应了马云的要求。

就这样，阿里巴巴与软银正式签约，马云也开始用这2500万美元，逐步完成他在互联网行业的全球扩张计划。

五、疯狂扩张背后的隐患

接受了孙正义的融资，加上马云在西湖召开的"互联网大会"，如今的阿里巴巴俨然一个声名鹊起、富得流油的企业。发展势头越来越猛，阿里巴巴也终于不再栖身马云家的小客厅。它开始准备扩张地盘，招兵买马。

还记得当年，马云为了给自己的海博翻译社选一块价格低廉的地方，简直是四处奔走跑断了腿。而此时，他早已不是当年那个穷小子了。马云把新公司选址的事情全权交给了谢世煌，让谢世煌放心大胆地去选，于是谢世煌看中了一栋刚刚建好的办公大楼，名字叫作华兴大厦。马云看到了这座大厦后十分满意，当即拍板就租下这栋大楼。

然而，阿里巴巴的元老们纷纷反对，因为他们前一秒还在为一个月500块钱的工资紧紧巴巴地过日子，后一秒就要把整个大楼都租下，这种差异叫阿里巴巴的元老们深觉浪费。他们认为现在人还不多，只要租几间办公室就足够了。

马云却说："你们要把眼光放长远一点啊，我们现在就是在扩充公司，招兵买马的阶段，把心放得大一点，不要只看眼前的路。"虽然马云反复强调时机不等人，但大家还是觉得马云是在乱花钱。马云说道："因为大楼刚刚建好，这时租下整整一栋楼，租金也是合算的，而且阿里巴巴肯定很快就能发展到上千人。"可大家头摇得跟拨浪鼓一样，马云也很是无奈，只能先租下了其中一层。

可事实证明，阿里巴巴的崛起确实是迅速地，没过多久，公司的员工人数立马突破了300人，一层的办公楼已经不够用了，这让马云和他的小伙伴们既高兴又无奈，只能以稍高的价格把另外两层也租了下来。

这一年是阿里巴巴疯狂扩张的一年，阿里巴巴公司先后在香港、英国、台湾、日本、韩国等地成立了合资公司，马云也向各大行业里的高管人才抛出了橄榄枝。

马云曾对小伙伴们说："跟着我，你们只能当连长、排长啊，真正的干部我还要到外面去找的。"就这样，马云找到了被称作"搜索之王"的吴炯。吴炯跟马云也是老交情了，而且被马云的创业热情所感染，主动加盟了马云的阿里巴巴。就这样，"马云旋风"将阿里巴巴迅速刮向了世界。

彼时，阿里巴巴被国内批评得一无是处，而有着"中国博客第一人"的方东兴甚至直截了当地对媒体说："所有B2B都是垃圾。"虽然恶评接踵而至，但阿里巴巴依旧被《福布斯》评为"全球最佳B2B网站"。

多年来，没有一个中国内地的企业获得过如此殊荣，国内媒体自然对阿里巴巴十分好奇。于是，马云再次刮起"马云旋风"，试图让阿里巴巴的影响力进一步扩大。

然而，阿里巴巴发展得太顺畅，从融资到发展到声名鹊起，这一切看来仿佛是一场梦一般，阿里巴巴美好的前景也不由得让人浮想联翩。然而此时，年轻的阿里巴巴并没有预料到，风平浪静、风光无限却往往是暴风雨来临的前奏。

阿里巴巴的疯狂扩张，为它赢来了机会也赢来了关注度。然而，一些问题也悄然滋生了，由于全球性扩张的策略让阿里巴巴公司的运营成本成倍增加，大量的资本流入了美国、香港等地，作为支付员工的工资。由于员工人数越来越多，马云越来越觉出公司已经不堪重负了，他已经没有钱再投入到公司的人力成本上。于是，头痛的马云做出了一个艰难的决定，那就是撤站、裁员、精简开支。

这个决定对于阿里巴巴来说十分痛苦，阿里巴巴是马云和其他创始人共同建立起来的，如今，却要亲自裁掉那些风雨同舟、荣辱与共的员工，甚至撤掉辛辛苦苦建立起来的网站。可为了让阿里巴巴能够继续存活，马云还是召开了裁员的西湖会议。会议上，马云和其他高管人员制定了阿里巴巴战略大转移的策略，决定把阿里巴巴的核心业务还是转回中国，全面收缩，节约开支。

这里有一段来自阿里巴巴前副总裁波特·埃里斯曼的文章，他从阿里内部人的视角，记录了马云当年首次裁员的境况。

"……在全球互联网中心工作和生活是极少数中国工程师能实现的梦想。这两位阿里巴巴的工程师告诉我，这栋房子曾经一度住满了从杭州来的工程师。前几周，随着工程师被召回国，人数逐渐下降。当他们问我来美国做什么时，我竟不知道如何回答。我怎么能开口告诉他们我是来这里辞退他们的呢？门铃响了，我暂且不用回答他们的问题了。敲门的是饶彤彤，他是阿里巴巴的创始人之一，开车准备把我带到办公室。'准备好了吗？'他问我。我心里想：还没有准备好，但还是走吧……

"……饶彤彤带我见了员工。员工有西方人、美籍华人及中国人，其中很多都在美国工作或生活过许多年。通常，见新员工是件高兴的事，我却感到自己像位死神。我强颜欢笑，知道很快我将会辞退他们中的许多人。我被带进一间办公室，看见马云正在阅读邮件。对于即将到来的这次会议，看得出来，马云有些焦虑……

"……几天后，我和马云回到了中国，他给我打了电话。听到电话另一端声音颤抖，我稍有一些惊讶。'波特，我能问你个问题吗？'听上去有些失声，他像是哭了。'没问题，杰克，怎么了？''我是不是个坏人？'在过去认识他的8个月里，我从未见过马云的乐观和自信动摇过。'你指哪方面？''很多员工给我打电话，他们对我辞退员工很生气。我知道是我的错误，做了那些决定。现在每个人都对我发火。你认为我做了这些，我就是个坏人吗？'我隐约听到马云在电话那一端抽噎，我为他感到难过……

"……我对他表示同情。在我脑海中，马云只是一个英语老师，努力实现了遥不可及的梦想。我不会因为这段时间过度扩张而指责他。'杰克，你做了你应该做的。如果你不做这些决定，公司可能很难维持下去。''嗯，你说的没错，但是我感到我让大伙儿失望了。'我们之后又谈了几分钟，然后挂了电话。比起辞退员工的那天早上，这次我感到更加不安……"

马云深深理解这些员工的心情，当马云回到中国后，他觉得自己实在是开不了口，他根本没有办法面对这些追随自己的员工。就在马云进退两难的时刻，有一个人顺利帮马云解决了这个难题，这个人就是"铁腕宰相"关明生。

六、壮士断腕，独臂求生

为了让公司能够顺利存活，阿里巴巴起用了关明生。

关明生，于1969年在英国剑桥郡工业学院毕业，在国际企业管理领域有20多年经验，在美国通用电气公司也工作了长达15年，并且把该公司医疗器械在中国的销售收入从0提高至7000万美元，也先后在《财富》500强企业的BTR PIC和Ivensys PIC担任中国区的总裁。由此可见，关明生的履历是十分过硬的，他在担任阿里巴巴首席运营官后，第一件任务就是负责裁员和精简开支。

关明生的性格十分果断强硬，做起事来也是干脆利落，上任的第一天就问蔡崇信："我们账上还有多少钱？"蔡崇信回答说："还剩下不到700万美元，如果按照现在花钱的速度，连支撑半年都是问题。"听完这番话，关明生就下了决心，要杀就杀到骨头，否则还不如不裁。

马云听了他的一番话，也彻底下定了决心，他本来只想裁撤一些拿着高薪却不怎么办事儿的高管人员。因为前面也说到了，马云本身就不是优柔寡断的人，他向来雷厉风行，想做就做，否则也不能让阿里巴巴少走这么多弯路。而这一次，马云举棋不定了，因为裁掉的都是跟阿里巴巴一起并肩作战的战友，这让他很是痛苦也很是犹豫。

在认真分析了当前的形势后，马云同意了关明生大刀阔斧的裁员计划。

很快，关明生就像"死神"一样降临到了阿里巴巴的大本营杭州。

一位比利时员工确实很有才华，工作也认真努力，然而他的薪水太高了，有6位数，这让很多员工都望其项背。关明生到后，直截了当地告诉他："阿里巴巴已经付不起你的工资了，如果你要想继续留下来的话也可以，但薪水必须减半，减薪可以换增股三倍。"但心高气傲的比利时员工并未接受这个条件，他选择离开了阿里巴巴，如果他当时能够再坚持一下，他的人生轨迹就将改写，但是那时谁也不知道自己的未来，更不知道阿里巴巴的未来。

1月24日，关明生和蔡崇信一起来到美国硅谷的阿里巴巴研发中心，前一段时间，阿里巴巴大裁员的消息就传到了美国硅谷，这里的员工也纷纷向吴炯辞职。等关明生和蔡崇信到了之后，两人快刀斩乱麻，一下子裁掉了30个高级工程师，他们每个人的年薪都是30万美金，而阿里巴巴的账户上只剩下了700万美金，光他们30人的工资，就能把阿里巴巴拖垮。

经过这番裁撤，整个美国硅谷研发中心就剩下吴炯和马云一位朋友的儿子Tonny，看到自己辛苦研发的美国硅谷工作室就这样化为泡影，吴炯心里难过异常，于是他也产生了离开阿里巴巴的想法。

回到杭州后，吴炯来到阿里巴巴，请公司把自己也裁掉，但阿里巴巴根本不舍得裁掉吴炯。因为他不单是一员虎将，更是人品非常高尚的人。于是，马云非常诚恳地说："我们真的非常需要你，尤其是目前最艰难的时候。即便你在美国什么都不做，即便硅谷研发中心只剩下你一个人，你也还是阿里巴巴的CTO，是我的好朋友……"

在马云等人的苦苦劝说下，吴炯最终同意留下来。后来，在整个互联网的严冬里，正是吴炯为阿里巴巴提出了"停下来，换跑鞋"的战略技术升级工作，才使得公司能一路披荆斩棘，逐渐度过了寒冬。

至于香港的员工，虽然不如美国那边的薪水高，但是由于香港的消费水平和工资水平都不低，所以在香港总部那边的员工也从原来的三十多人变成了七八个人。甚至过完年的第二天，就有员工接到电话说："非常遗憾地通知你，你不必再回来上班了。"就是这样大刀阔斧地裁员撤站，让"铁腕宰相"都十分痛苦不忍。在裁撤结束后，关明生一个人跑到上海度假，可若不是这次大规模的裁员，我们可能已经看不到阿里巴巴了。

2000年，互联网遭遇到泡沫，随时都有可能破灭，尤其是美国的三大股指之一的纳斯达克，连续3天的暴跌，成为了互联网行业迎来寒冬的标志。这一期间，几乎所有的风险投资商都捂紧了自己的口袋，尤其是对中国互联网行业进行风投的商人们。

除了一些顶级的投资银行和大财团外，几乎所有的风险投资商都是抱着趁中国互联网经济大涨的时候赚一笔就走的心情来华投资的。因为这次突如其来的危机让网易和搜狐都成了垃圾股，搜狐的掌门人张朝阳甚至拿自己的钱买股票，期望能度过这次危机。

在这场没有硝烟的危机中，中国的互联网企业一个一个倒下了，曾经融资上亿元的瀛海威倒下了；融资达到5000万元的美商网也倒下了；甚至连曾经跟马云一起"西湖论剑"的8848掌门人王峻涛也倒下了。

在记者面前，阿里巴巴也有些沉默了，面对阿里巴巴的沉默，记者开始纷纷前来"找茬"，说根本看不清阿里巴巴的模式，简直是没有前途。

马云听后立马反击记者："那些批评我们的人，真以为自己看清了阿里巴巴的模式了吗？全世界最赚钱的是比尔·盖茨的微软公司，那你们看清比尔·盖茨是怎样赚钱的了吗？但是人家就是能赚钱啊？对不对！"

对于阿里巴巴这样的回击，大家都觉得这样的公司简直是疯了。可马云回头鼓励自己的员工说："就算中国的互联网全部死掉，我们也要做最后一个死的！"

就这样，马云开展了阿里巴巴的"整风运动"、培训运动和大生产运动。

在"整风运动"中，阿里巴巴将那些没有跟公司统一思想的，或者拿着与工作不相符工资的人全部裁掉，只留下那些骨子里都是阿里巴巴热血的员工们。

至于培训运动就更加重要，培训采取的是自下而上的倒金字塔模式，首先接受培训的是阿里巴巴下层的主管员工，然后逐步扩展到中层和高层，这次的培训主要是对销售人员的培训，在那个互联网经济泡沫破裂的时期，阿里巴巴仍然敢投入一部分钱作为员工培训，是一件很有勇气的事情。就这样，这支不专业的队伍变成了一支正规的王牌军。

第三个就是生产运动，阿里巴巴的生产运动无疑是最具有创意的，这次也是靠着马云和几位高管的智慧顺利地度过了互联网的寒冬。面对即将到来的2002年，马云提出了"全年盈利1元钱"的目标，为了实现全年盈利1元钱，他们推出了自己的产品"中国运营商"。

什么是中国运营商呢？简单来说，中国运营商就是阿里巴巴为公司的供应商们推出的一种会员服务，只要由企业在阿里巴巴的网站平台上申请了会员服务，就可以将自家企业的产品挂在阿里巴巴的外贸平台上，全面地展示给世界各地的商人。在这个系统中，阿里巴巴公司扮演的主要角色就是"广告服务"和"信息供应服务"。这就创造出了一个巨大的虚拟贸易市场，而且它的选择众多，面向全球，市场范围极广。正是这种独特的运作模式，把马云的阿里巴巴一点一点从寒冬的刺骨风霜中拖向春天。

"中国运营商"具体分为两种制度，一种是普通会员，另一种是高级会员。普通会员需要每年向阿里巴巴支付4万元，而阿里巴巴负责将该企业的产品挂在网上，面向全球，同时还把会员企业的信息整理成手册或者光盘，带到一些高级的展销会上，吸引潜在的客户和加盟商。而高级会员每年需要向阿里巴巴支付6万元的费用，得到的服务种类也更多些。马云为了提高阿里巴巴的竞争力和影响力，还想出了一个绝招：卖排序。

为此，阿里巴巴特意增添了一项业务，那就是把这些企业的信息整理起来，做成内部信息排名，这也就是日后在互联网领域大量采用的竞价排名，这项服务在当时足够新鲜，也让众人对马云的超常思维感到不可思议。

申请内部信息排名服务的会员们可以为公司设置8个关键词，同时还可以为公司里的每个产品设置3个关键词。当用户在网站上搜索这些关键词的时候，这些设置了关键词的会员的企业或产品就能优先跳入用户的眼帘。

这种竞价排名的方法极恰当地迎合了商人们的心理，作为一个企业，谁都希望自己的产品信息能够最快被用户看到、被用户首先选择。于是，这些商人为了抢到阿里巴巴里的更高排名，为了得到更多用户的订单，他们不遗余力地往阿里巴巴的账户上大把大把地打钱。

既然拿了客户的钱，阿里巴巴就要把服务做得更加到位才有可能留住客户们的心。于是，阿里巴巴在客户后期的服务和维护上下了相当大的精力。比如售后服务方面，阿里巴巴可以追踪客户产品反馈或者客户企业的信息反馈，如果连续一段时间里，该客户的产品反馈和信息反馈都不好的话，阿里巴巴的客服人员就会主动联系该客户，帮助他们修改方案，甚至重新制订新方案。为了使阿里巴巴的会员满意，阿里巴巴还专门培训了客服人员，给他们讲解关于外贸和客户服务的基本常识和礼仪。

就这样，阿里巴巴逐渐走出了寒冬，迎来了春天的曙光。原本为了迎接2002年的"全年盈利1元钱"计划不但成功了，而且有潜力的前景让马云心潮澎湃，从跪着过寒冬到春光无限好，是一个漫长而艰苦的过程，就像雄鹰蜕喙，寒蝉蜕壳一样，不经历一番大刀阔斧的蜕变，就无法变得更强大。

第 二 章

创建淘宝，线上发展之路

一、从 B2B 到 C2C

阿里巴巴在2002年从寒冬跨越到初春，这一段艰辛的时光想必只有经历的人才能切身体会。

阿里巴巴靠"卖排序"的服务从跪着过冬到挺直腰杆迎接春天，这一转变让一直坚持把大本营建在杭州的马云开始动摇了。以前一直坚持要做B2B网站的他萌发出了转型的意识，为了激发阿里巴巴的转型灵感，马云决定去日本东京考察一番。

当时日本本土的互联网市场正处在水深火热之中，尤其是eBay与雅虎在日本的争夺之战，已经成为人们津津乐道的谈资。气焰嚣张的eBay在日本败给了雅虎，使雅虎的投资者，软银集团的总裁孙正义着实又出名了一把，也让雅虎成为日本最受欢迎的门户网站。并且一经推出就迅速在C2C领域占领了全日本70%的份额。

B2B，就是企业对企业（Business To Business）之间的营销关系，具体意思就是进行电子商务交易的供需双方都是企业或公司，这些企业或者公司使用互联网技术或各种商务网络平台，来完成商务交易。C2C就是指消费者对消费者（Customer to Customer）之间的关系，也就是个人对个人，因为Two（英文数字2的意思）的发音和TO相同，因此企业对企业和个人对个人的营销关系模式被简称为B2B和C2C。

这次东京之旅，马云没有告诉孙正义，他只是来东京考察一下日本本土互联网的市场，尤其是短信和网游的市场到底有多大。正当马云沉浸在互联网新发现中不能自拔时，也到了该回国的日期，正当马云和同行的人收拾行李准备飞回杭州时，马云的手机响了，打电话的人正是软银公司的孙正义。

马云跟孙正义不但是商业合作伙伴，更是老朋友了。此次来东京马云却没有拜访一下自己的大老板，原因并不是马云不想见他，而是马云实在没有时间。阿里巴巴刚度过最艰难的时期，一切都处于上升状态，这让马云成天东奔西跑四处学习，每天的行程被安排得满满当当，所以马云没有告诉孙正义自己到了东京。因为即便告诉了他，自己也没时间跟他见面。可是孙正义却给马云先打来了电话，马云不由得犯起了嘀咕，难道是孙正义知道他来东京了？

果然，当马云接起电话后，孙正义兴奋地说道："马云，我知道你现在就在东京，快来见我，我要马上见你。"一般人是不会拒绝自己老板的会面请求的，可是马云很有个性地回答说："我们马上要回国了，现在就在机场，下次再见吧。"可是孙正义不由分说地告诉马云，必须马上来见自己，因为自己有很重要的事情跟马云商量。马云也是个坚持己见的"犟牛"，他再一次告诉孙正义，飞机马上就要起飞了，自己没时间跟他见面，但是孙正义仿佛是跟马云杠上了一般，一定要和马云见面，让他立马退掉机票，赶着来见自己。

这让马云心里不由得一动，会不会孙正义要说的事情跟自己一直琢磨的事情有关？而且对方毕竟是自己的大老板，思及此处，马云妥协了。他们一行人退掉了机票直接赶去了孙正义的办公室。刚到孙正义的办公室，孙正义就满面春风地迎了上来，开门见山地说："马云，你们阿里巴巴跟eBay的平台是一样的，为什么不考虑涉足C2C市场呢？"

　　孙正义一句话就戳中了马云的心事，在来日本东京的飞机上，马云看着eBay的报道还在嘟囔eBay跟阿里巴巴没什么区别，eBay能做的阿里巴巴都可以做到。但是马云没有表现得特别欣喜，只是不动声色地继续听孙正义往下讲。孙正义提出，雅虎既然能够在日本迅速占领C2C市场，打败eBay，那么马云在中国的阿里巴巴也可以做到在C2C市场上战胜eBay。

　　尽管现在eBay在中国完全占领着C2C市场，但是马云的阿里巴巴打败它并不是没有可能，何况eBay在亚洲的市场远远比不上它在其他地区的市场。这一席话与马云的想法不谋而合，在2003年初，马云就有了从B2B转型的想法，涉足C2C市场也是马云的计划之一，然而当孙正义把现实分析出来的时候，马云还是惊喜万分。他立马就决定，回国以后立刻着手进行转型，不管这条转型之路多么艰难，他也要让阿里巴巴在中国的C2C市场上打出一片天地。

　　既然有了想法，那么就要实际操办起来，火车跑得快，全靠车头带。马云第一件事就是选将，而他立马就挑中了孙彤宇。孙彤宇是阿里巴巴的"十八罗汉"之一，不但自己的业务能力强，还把女朋友彭蕾拉来一起创办阿里公司，这次的C2C转型之战，孙彤宇无疑是最合适的人选。于是马云找到孙彤宇，问他如果阿里巴巴从B2B转型到C2C，他有什么看法。

　　这一句话就把孙彤宇问蒙了，看着马云晶亮晶亮的眼睛，孙彤宇心里就有数了，马云肯定是又有什么新想法了。于是孙彤宇问马云："是像eBay那样的C2C网站吗？"马云连连点头，于是孙彤宇回家就研究了一下eBay的C2C模式，在一番调查后，他心里有了底，对阿里巴巴转型C2C也比较赞同，但是马云为什么要问销售部的自己呢？这让孙彤宇觉得有些不对。果不其然，马云私下里又找孙彤宇聊了几次，然后提出想让他负责C2C的转型。

　　这让孙彤宇心里打起了鼓，毕竟他是一直做销售方面的工作，对于这个C2C转型可以说是一窍不通，而且他现在是销售部的经理，突然不让他负责销售部而去创建一个前途未卜的部门，孙彤宇也有点犹豫。毕竟阿里巴巴一直做的都是B2B模式的网站，又刚刚挺过互联网泡沫，这时候转型会不会是"捡了芝麻丢了西瓜呢"？然而自从他跟着马云闯天下后，就一直无比相信马云，既然马云相信他负责这件事能成，他就愿意试试看。

孙彤宇被马云搞定后，马云还要给他配备一个技术型人才，这个人就是吴炯。吴炯不但严谨踏实，技术过硬，而且跟雅虎和eBay也有着很深的渊源，然而在听了马云的想法后，吴炯却激烈地反对，他第一反应就是："Jack，你疯了吗？你这样做是害了公司，我跟雅虎和eBay交锋了这么多年，输得心服口服，对手太过强大，我们目前根本不适合做这一块……"吴炯的这番话在马云日后的演讲中经常被用作反面例子被提到。

听完吴炯的反对意见后马云笑着安抚他说，自己不会觉得吴炯打击了他的积极性，对手确实强大，但是连试都不敢试，那么在交锋的一开始就已经输掉了。何况在日本，eBay已经被雅虎打败了，马云相信孙正义说的，在中国，eBay也会被另一家公司打败，这个公司就是阿里巴巴。

二、淘宝的绝密成立

　　就这样，马云说服了众人，不管大家的心里对这次的C2C转型之路赞
不赞成，他们都愿意跟着马云干，支持马云的想法。2003年3月，10个员
工被马云悄悄地叫到办公室来，等他们一进去才发现，阿里巴巴所有的高
管们全都聚集在这儿，而且气氛很是凝重。员工们被这样的气氛感染，连
大气都不敢出，都是一脸的不知所措，马云坐在办公桌前，桌上放了一份
倒扣着的文件，员工们忍受着气氛的凝重和高管们犀利的目光。

　　静候了片刻，马云发了话："公司目前有一份秘密任务需要你们去
做。如果你们愿意做，请在桌上这份文件签上名字。如果你们不愿意做，
你们可以直接离开办公室。但是无论你们愿意不愿意，都要承诺严守这个
秘密。"说完，马云扫了他们一眼，又缓缓开了口："如果你们在这份文
件上签下了名字，就必须答应一个条件，那就是你们必须单独与团队在一
起工作一段时间，工作内容哪怕家人都不能明确告知。"

　　这10个员工听完后更迷糊了，到底是什么样的事情需要这么保密？
马云连一点消息都不透露给他们，就让他们在文件上签字，而且还要单独
工作，甚至连对家人都要保密。员工们面面相觑，但是谁都没有离开，人
都是有好奇心的，每个人都想知道文件上是什么内容要如此保密，于是大
家决定留下来看一看。然而当看到文件的时候，大家都不由得傻了眼，

这份文件是由耶鲁大学的高才生蔡崇信所拟写的，全篇都是英文，就是马云这样的英语高手，在当初看到这份满是专业词汇的英文文件时也傻了眼，更何况是英语水平并不算高的这些员工呢？然而，如坠云里雾里的员工还是心一横，直接翻开了文件的最后一页，签上了自己的名字。

事后一位员工说道："我相信马云也相信公司，公司总不会害我嘛，何况这么多的高管都在场，肯定是要干一番大事的。"其他的员工或是出于好奇心，或是出于对阿里巴巴的信任，总之10个人里没有一个人临阵脱逃，统统上了马云的C2C大船。下班后，马云和公司的高管们带着这10个员工去饭店吃饭，在包间里，马云举起杯子对大家说："公司决定进军C2C市场，跟eBay正式交锋，所以公司需要你们去做出一个类似eBay的C2C网站。"听到此处，大家才明白那份保密文件到底说的是什么意思。

酒过三巡，菜过五味，大家的问题也一个一个抛了出来，于是高管们就像日常聊天一般，给大家解释C2C市场和公司的计划。听完后，大家都觉得这事可行，而且有一种额外的刺激感。最后，一名员工问："做这个网站的期限是多长时间？"马云笑眯眯却郑重地回答道："一个月。"员工们顿时感到压力很大。马云同他们每个人都握了手，真诚地告诉他们："公司就指望你们了，大胆去做，做砸了也没关系，还可以回公司嘛！"

大家激情澎湃地领了任务，表了决心，然后期待着明天的到来。2003年4月10日，这10个人就像在人间蒸发了一样，在阿里巴巴里消失不见了，与此同时，在湖畔花园，这10个员工正在马云的家里进行着紧锣密鼓地工作。当初创建阿里巴巴的地点，现在又被用作创建C2C网站的地点，这10名员工每周只能回家一天，其余时间的吃住都要在这里，每天的工作量也是相当大。在来到这里的第一天时，孙彤宇就给大家提了一个要求：建成后的网站，日均浏览量必须要达到1000万。这让员工们感到压力重重，大家都觉得每日1000万的浏览量实在是太高，但大家都愿意为了这个目标搏一把。

于是，在孙彤宇的带领下，其中3个员工负责网站的开发，剩下的员工负责研究对手eBay，他们一边向会员们询问理想的C2C网站是什么样子，一边抓紧时间收集各种有关eBay的信息。在紧锣密鼓地进行了3天后，这些员工的心里就有了底，日均1000万的浏览量似乎也并非是那么的遥不可及，所以当孙彤宇再一次问他们有没有可能时，他们的答案变成了："大概可以吧。"并且大家一致认为，C2C的拍卖模式是唯一有前途的形式。

这个"秘密小组"向马云请示后，拿着批下来的18万元购买了淘宝历史上的第一台服务器。大家各司其职，3名技术人员负责做网站系统的设计，剩下的人在网上找合适的软件和框架。在寻找软件的期间，他们选中了一家很便宜的英国产品，只有几十美元，可当他们把钱打过去后，很长一段时间都没有人回复，正当他们以为遇上骗子，出师不利时，对方把产品发了过来，他们这才把悬着的心放回肚子里。就这样，淘宝网一步一步地建成了。

2003年5月10日，离4月10日刚好过去了一个月的时间，马云决定将这一天确立为公司的"阿里日"，并且每年都要过"阿里日"。这不但是为了庆祝"秘密小组"完美地完成了一个月期限的淘宝网上线，还有另一个原因。因为那时正在"闹非典"，全国都处于一种"白色恐慌"当中，5月初，一名阿里的员工去广州出差回来后，突然发起了高烧，因为当时传闻，"非典"最初就是在广州肆虐的，加上出差回来后立马就开始发高热，于是这名员工立马就被医院隔离检查了。由于这名阿里员工已经与其他人接触过，所以马云就料想，阿里巴巴要被隔离甚至关掉了，于是他迅速召开了员工大会，让阿里巴巴的工程师把网线接到了每个员工的家里，做好全体隔离后可以在家里办公的准备。

　　果然，在这名员工被隔离的第二天，杭州市政府就通知马云，整个阿里巴巴都要被隔离，还好大家已经做好了万全的准备，才避免了阿里巴巴一夜之间就瘫痪的噩梦。从这儿我们也看出了马云的高瞻远瞩，他看问题总能看到两步以后甚至更多。即便被隔离，阿里巴巴的小伙伴们也没有懈怠，而是更加积极地工作。在阿里巴巴大裁员后，能留下的都是精英中的精英，如果没有这些人的辛苦努力，阿里巴巴又怎么能在最艰难的时刻，实现从B2B到C2C的跨越呢？5月10日的"阿里日"是属于每一名辛勤奋斗的阿里员工的节日。

　　2003年6月，有一名阿里巴巴的员工发现了新建的C2C淘宝网站跟阿里巴巴的创作思路极为相似，于是就在公司网站上发了这样一个帖子："各位阿里人，请注意！我们发现，有一个叫作淘宝的网站正在迅速地聚拢人气，它的创作思路和阿里巴巴极为相似，请大家密切关注。"这个帖子一发出来，就受到了阿里巴巴员工们的密切关注，因为淘宝刚刚成立一个月，就聚集了大批的会员，每天都有会员在淘宝上开店铺，虽然交易量并不算太多，但是淘宝一出来就得到了大家的喜爱。

　　在类似于"聊天室"的会员交流板上满满的都是祝福，淘宝的会员还在聊天室里打算给淘宝办个满月酒。阿里巴巴的员工不由得人心惶惶，大家都在揣测这个来势汹汹，却跟阿里巴巴创作思路如出一辙的淘宝是什么来路，连在餐厅里都能听到员工在不停地谈论这个淘宝网站，甚至有人把这件事上报给了高管们。然而阿里巴巴的高管听到员工反映的要重视淘宝兴起这件事后却没有给出什么反应，甚至都躲在后面捂嘴偷笑。

　　到了7月份，马云将员工们聚集到一起，满面春风地说："各位阿里人，我要向大家宣布一个消息，那就是，不久前上线的淘宝网，是我们阿里巴巴自己的网站！"员工们听完一下子沸腾了，人人都喜上眉梢，并且不由自主地鼓起掌来，这时大家才恍然大悟，怪不得淘宝网上的客服都是

"乔峰""令狐冲"这样的名字，阿里巴巴一直推崇金庸文化，大家起初看到淘宝网站上的客服名称都犯起了嘀咕，为什么淘宝网这么像阿里巴巴的文化？还有那10名员工到底去了哪里？这下子谜底全都揭开了。

看着欢呼雀跃的人群，马云一边高兴着，一边思索着，最艰难的一步已经迈出去了，可这只是一个开始，怎么把这个网站做大、做好，才是他现在应该考虑的。毕竟商场如战场，互联网的历史上也从来不缺昙花一现的人，要笑，他就要笑到最后。

三、阿里成功背后的女人

随着淘宝网的影响力越来越大，产品种类越来越多，受到了天性就喜欢逛街的女性们的热烈追捧，于是一句流行语在网上流传开了："男人成功的背后有一个默默付出的女人，而马云成功的背后有一群女人。"这句话当然是玩笑话，因为马云成功背后的辛酸是别人难以想象的，有一个女人，却当之无愧的是马云成功背后的支柱，这个女人就是马云的妻子——张瑛。

张瑛是马云在杭州师范学院上学时候的学妹，人长得清秀漂亮，性格温婉，每门课程都十分优秀，是杭州师范学院有名的校花。而上大学时，马云还是个只知道羡慕武侠风云际会的傻小子，说话做事也总让人觉得疯疯癫癫，且相貌不出众，身材也比较矮小，这样不搭边的两个人，任谁都不会相信他俩会走到一起，而且还相互扶持到了现在。

马云在大学里许了三个愿，其中就有跟杭州师范学院的校花谈场恋爱，但是面对张瑛这么优秀的女孩子，马云却迟迟不敢表白，只是默默地关注着张瑛。直到有一天，他突然听到有些同学在背后议论着要给张瑛介绍个男朋友，一直喜欢张瑛的马云这下子可坐不住了，他当然清楚，像张瑛这么出众的女孩子是多受男生喜欢，他越想越不是滋味，因为他简直不敢想象张瑛跟别的男生在一起的样子。于是，他做了一件让大家都大跌眼镜的事情。马云在男生宿舍楼里对所有人"昭告天下"，他要追求张瑛，并且一定要娶到她，他不能让自己后悔。

想象很丰满，现实却很骨感。漂亮温柔的张瑛身边总是有很多男生在追求她，这让马云很苦恼。面对马云几次的追求，张瑛都是用一种"生人勿近"的借口，客气又果断地让马云吃了闭门羹。但是性格倔强的马云哪里是那么容易就放弃的？在马云心里，张瑛早就是自己的女朋友了，而且这个温柔善良的姑娘也是马云理想中妻子的模样。屡战屡败的滋味马云早就品尝过了，而且他也不惧怕一次次地被拒绝，高考的几次失利早就让他比同龄人经历得更多，他不是因为几次拒绝就哭天喊地要死要活的小男人。追自己心爱的女生，多被拒绝几次又有什么要紧的？

马云没有英俊的长相，更没有伟岸的身材，所幸他有"厚脸皮"和好口才，那些条件优秀的男生都没有打动张瑛，反而是马云一句颇为狂傲自负的话打动了她："通常情况下，男人的长相和智商都是成反比的。"就是这样的好口才，让张瑛开始对马云刮目相看，加上马云一次次地追求，两人接触的机会也越来越多。终于，张瑛这个全学校最漂亮的女生，被马云这个其貌不扬的傻小子给俘获了，也成为马云生命里最不可或缺的女人。

张瑛和马云无疑是最让人羡慕的一对情侣，他们不但是彼此的初恋，而且一毕业就结婚生子了，从大一到现在，他俩相知相恋、相互扶持。他俩的爱情故事也一时间成为杭州师范学院里最为人称羡的事情。很多人都质疑张瑛，为什么放着那么多帅男人不挑，偏偏选了马云这个"丑小子"？但是张瑛有着自己的想法："马云确实不是个帅男人，但是他能做很多帅男人做不了的事情。"这句话让马云特别感动。

有一次，雅虎的创始人杨致远找马云闲聊，他提到了马云的太太张瑛，马云对杨致远说："张瑛以前是我事业上的搭档，我有今天，她没有功劳也有苦劳，我也一直把她当成我的生产资料。"马云对自己的一番评价，张瑛是这样回复的："只有像马云这样满脑子都是事业的男人，才会把自己的太太当成资料，但其实，马云也是我的投资品。"从这句话可以看出，两个人不但相爱，而且都十分看好对方的长远发展，都是彼此的潜力股。

当初因为志同道合，两人结为夫妇。后来当马云的事业需要支持的时候，张瑛又愿意跟马云一起并肩奋战，后来当家庭需要有人退居二线时，她也愿意放下事业变成马云的家庭主妇。这也就是为什么马云说张瑛就是他的全部了，一个如此优秀的女人愿意为了自己男人如此付出，有谁不感动呢？

在马云兼职做夜校老师的时候，如果在海博翻译社有事实在没办法赶来的时候，张瑛就会来代课。虽然代课的次数不多，但从英语教学的角度来看，张瑛的英语课要比马云上得更好一点。因为马云在教英语时比较疯狂，总是想在思想方面多教一些，有时候容易天马行空、天南海北的联系到一起大讲特讲。而张瑛更像一名专业的英语老师，她每堂课都会带着学生归纳一些英语问题，并且认真地给学生讲解词汇和语法，而且比马云上课更专注，在英语课上几乎不讲除了英语之外的东西。

后来马云辞去了大学老师这个稳定的工作，坚持要做《中国黄页》时，张瑛也用实际行动给予马云支持。不但拿出了家里所有的积蓄，还变卖了家产，拿东拼西凑的钱出来给马云创业，最后还为了马云辞掉了自己的工作，给马云当起了内勤总管。马云喜欢热闹，更喜欢大家听他的演讲，于是经常邀请他的朋友同学甚至是他的学生们来家里做客，每次家里都是来一群人。张瑛不但没有表现出不耐烦，而且总是笑脸相迎，一边准备茶水一边准备点心，有时马云讲得兴起，她还要负责准备大家的饭菜，而当所有人都走后，家里总是被折腾得一片狼藉，这些也都要她来收拾。

当时，马云家在杭州的最西边，再往西走就是一大片农田，在他家里总能听见田地里青蛙和小虫的鸣叫声，时不时还掺杂着几声鸡叫和犬吠。张瑛又要替马云上课又要帮马云创业，他们年幼的儿子只能请保姆带。那时候，马云夫妇根本没有什么积蓄，还欠了一大堆的外债，为省钱，她只能给儿子请了个农村保姆，结果不出所料，儿子的口音很快就随保姆说方言了，比如把"电池"叫成"电油"，张瑛只好赶紧换了一个保姆。

《中国黄页》的创办期，张瑛不但要管内勤和生活，更是工作中的"业务骨干"，《中国黄页》第一笔8000元的高额订单就是张瑛去谈下来的。1998年，马云去北京当"北漂"，张瑛也陪着他一起去北京闯荡。为出行方便，张瑛学会了开车。有一次倒车，她撞上了停在后面的一辆车，张瑛下来一看，顿时惊得出了一身冷汗，被撞的车是一辆奔驰。要是把奔驰车撞坏，那她倾家荡产也赔不起呀。

但是她并没有赶紧开车逃跑，仔细检查，原来自己开的捷达车，车尾架在了奔驰车上。当时跟张瑛一起同行的还有两个人，他们赶紧帮着张瑛把捷达车的车尾抬下去，结果发现被撞的奔驰车竟然一点损伤都没有，甚至连油漆都没有蹭掉一块，张瑛这才踏实下来，赶紧上车走人！

第 三 章

大战 eBay：对手让阿里更成功

一、来自 eBay 的公开挑衅

就在淘宝网刚满月的时候，中国C2C市场上发生了一件令人震惊的事件，eBay对中国易趣网追加了1.5亿美元的投资，在此基础上收购了易趣剩余的67%的股份，成功实现了对易趣的完全控股。

eBay成立于1995年9月4日，在中国又被称作易贝，是世界上最大的C2C电子市场。而易趣是1999年8月在上海建立的，创始人是哈佛大学商学院毕业的邵亦波和谭海英。易趣刚推出时，在中国展现出了良好的发展前景，而eBay在易趣上升的时候就向他们公司注入了300万美元，由此收购了易趣33%的股份。当时就有资深的业内人士断言eBay盯上了易趣，收购它是早晚的事，果然一年后这个预言就应验了。

然而对于马云来说，易趣被eBay收购，无疑对手更加强大了，他的心理压力也越来越大。何况这一段时间eBay似乎把淘宝网当成了在中国的主要竞争对手，一连搞了好几拨小动作，让马云和其他C2C同仁叫苦不迭。

eBay自从入驻中国市场后，就发现了中国互联网市场尤其是C2C市场的光明前景，eBay总裁惠特曼曾经公开表示，中国在三四年内的电子业务量很有可能达到160亿美元，eBay不但不会放过中国市场，而且要迅速占领这片天地。惠特曼曾说："在线交易提高了中国商业的效率，并且为这个全球人口最多的国家的中小型企业和广大消费者创造了前所未有的网上交易机遇，eBay在全球各地创建在线交易平台方面有及其丰富的经验，在eBay的帮助下，我们有信心，有能力促进电子商务在中国的发展。"而这次大手笔地收购易趣，似乎也是因为憋了一口气，想将在日本被雅虎打败的场子在中国市场上找回来。

那时的eBay来势汹汹，而中国的C2C市场还宛如一只嗷嗷待哺的雏鸟一般，中国的C2C市场几乎全被eBay控制了。到了2002年的2月份，eBay就买下了台湾所有拍卖网的全部股份，他们曾在两年内把自己的市场由5个国家推广到了27个国家，这一次买下中国台湾拍卖网的所有股份，完全收购中国大陆的易趣，这一切都证明了财大气粗的eBay是有备而来的。一旦eBay的计划顺利实施，那中国本土的C2C网站将面临最严酷的打击，甚至是被全灭。如果想避免这个结果，马云的淘宝网就要彻底迎接eBay的挑战，跟eBay硬抗到底，才有一线生机。

2003年7月，eBay总裁惠特曼向华尔街立下了一个誓言："18个月内结束中国电子商务的战争。"这句话给马云造成了很大的压力，但是他必须迎难而上，于是马云稳定了一下心神，开始制定了一系列与eBay"大战"的策略。阿里巴巴特地拿出了一个亿的资金作为淘宝的宣传费。当时正是互联网高速发展的时期，于是马云就把推广淘宝网的重点放在了互联网宣传上。

马云的想法是正确的，然而做起来却异常困难，因为让马云和阿里巴巴高管没有预料到的是eBay老辣的手段。当时孙彤宇亲自带着员工，去搜狐、新浪、网易等国内顶级门户网站的广告项目负责人的办公室，想与他们商谈把淘宝网广告挂在这些网站上的相关事宜，但是他们无一例外地得到了同一个回复："不好意思，我们已经跟易趣达成合作了。"

原来，eBay早就让易趣网用高出一倍的价格达成了与这些国内数一数二的门户网站的合作，而协议中也明确指出，这些门户网站在与易趣的合同期内不得接受其他同类网站的广告投放要求，并且，一旦易趣发现这些网站有与其他C2C网站合作的迹象，后者就要付给易趣高额的赔款。eBay这次极力促成和中国本土的门户网站的合作，也是为了避免在日本竞争时发生的情况。

eBay的这一招让孙彤宇懊恼，但是他并没有死心，既然这些顶尖的门户网站已经被易趣用高额收买，那他不妨去一些二线的门户网站碰碰机会。于是他重整旗鼓，一个一个地去拜访二线门户网站的广告项目部，然而孙彤宇越拜访越黑脸，二线的门户网站竟然也都被易趣收买了。所以，淘宝只能在自己的母公司阿里巴巴上投放广告。孙彤宇灰头土脸地回到了公司，对于这次易趣的捷足先登，让他感觉很受打击，但是他没想到的是，这些打击只是开了个头，让他更受打击的场面还在后头。

2003年7月，一条广告出现在了百度和谷歌的搜索引擎上："想圆淘宝之梦？来易趣吧！"这条广告简直气炸了马云和阿里巴巴的上下，明眼人都能看出来，这是eBay针对淘宝网的一种赤裸裸的挑衅。当时马云的阿里巴巴跟王志东、张朝阳的网站也有竞争，但都是明面上公平合理的竞争，而eBay完全是在用阴险的招数"暗箭伤人"，eBay为了竞争中国的C2C市场而做到这个地步，简直嚣张极了。

马云立即派人去质问eBay，eBay方面却说这是一种正当的商业行为。马云也没办法，于是只能从这条搜索引擎方下手，他找到了百度和谷歌的管理层，经过一番游说，百度终于妥协，把这条挑衅的广告语从搜索引擎上撤了下来，谷歌却不理睬马云，一直把这条广告挂到了11月份。

既然互联网宣传这一块已经走不通了，那马云只能另想出路。马云到底是个有创新思维的人，他琢磨着，既然线上行不通，那就走线下，线下所能接触到的潜在客户群也是惊人的。于是他拿出了大量的资金在现实生活中推广淘宝网，那段时间马云简直忙得脚不沾地，所带来的影响是几乎所有大城市里的公交车、站牌、地铁站上……都是淘宝网站的广告，甚至在当时名噪一时的电影《天下无贼》里，都出现了淘宝网的植入广告，这样大规模的宣传让淘宝网在与eBay的大战中保持着不败之身。

当然，要想让淘宝真正"高枕无忧"，前期投入的资金是很巨大的，正在这时，软银集团的孙正义给马云打来了一个电话。其实，早在2003年3月4日，孙正义就等着马云给他打电话了，因为他在那天向如日中天的盛大网络公司投资了4000万美元，创造了中国互联网史上最大的单笔融资记录。然而，虽然孙正义没有忘记马云和阿里巴巴，马云却一直没有给他打电话。到了7月，孙正义终于忍不住了，主动给马云打了一个越洋电话，在电话里，孙正义提出要再次投资阿里巴巴，让马云几天后飞到东京找他商谈投资的事宜。

到了约定的日子，马云就飞到东京去见孙正义了。这次马云依旧带着蔡崇信，因为上次投资，蔡崇信一脸严肃地对着孙正义说了三个"No"，使得孙正义也记住了这个文质彬彬又思路清晰的男人。虽然马云只带了蔡崇信来，软银方面却是来了一长队的人，浩浩荡荡地颇有些气势。马云和孙正义这对老朋友，在投资事宜方面又发生了激烈的争论，第一个是孙正义在注入资金后是否能够控股的问题，另一个就是员工是否持股的问题。

这两个问题里，第一个相对比较好解决，但是第二个问题让孙正义很不理解，因为日本是资本主义国家，生活节奏也很快，公司员工持有股份的事情几乎是没有的。然而马云却坚持，如果想激励团队，必须要让他的员工持有股份。就这样，两个人各不相让，投资事宜也陷入了僵局，两边随行的人员也都有些剑拔弩张。据蔡崇信回忆说，当时孙正义的脸色非常难看，马云还是一副无所谓的表情，一直在晃着脑袋。

　　在互联网泡沫期的两年里，马云基本都是靠自己的努力使阿里巴巴从困境中走出来，孙正义虽说没有帮助马云，但是也没有撤资走人，两个人基本上是各忙各的，互不打扰。可是，这次碰面非但没有叙旧聊天，反而因为员工持股的问题让投资事宜陷入僵持阶段，这让蔡崇信着实捏了把冷汗。为了打破这个尴尬的僵局，马云起身去了洗手间，过了一会儿，孙正义也起身去了洗手间。

　　让大家大跌眼镜的是，几分钟后，两个人有说有笑地从洗手间出来了，并且告诉大家谈成了。这让在座的所有人都吃了一惊，但是两个人确实都谈拢了，孙正义向阿里巴巴再次投资8200万美元，其中有6000万美元是软银集团的单独投资。有了孙正义8200万美元的投资，马云突然感觉到信心和实力都大大增强，也倏地生出了豪情壮志，既然eBay要开战，那就让我们痛痛快快地一决胜负吧！

二、阿里"农村包围城市"的策略

在马云和孙正义的谈判结束后，蔡崇信就迫不及待地问马云，在卫生间里到底发生了什么，马云笑着说："当时我在洗手，看见孙正义进来了，我就跟他说：'我觉得8200万是一个合适的数字，你看怎么样？'他想了一下就很快答应了：'好，那就这么定下来。'"蔡崇信听完暗暗咋舌，就在卫生间里短短几分钟的时间，马云不但让孙正义脸色缓和，还谈下来了8200万美元的投资，果然两个"疯子"之间的世界，是常人所不能理解的。后来有人采访孙正义，为什么在卫生间里这么轻易就同意了马云的提议呢？孙正义告诉他们："马云对着镜子自言自语时的自信和坚定打动了我，他这样一个自信的人，做出的决定又怎么会出错呢，何况，8200万确实是一个很合适的数字。"

就这样，孙正义在3月份投资给盛大网络的4000万美元所创造的纪录，在七月就被阿里巴巴以8200万美元刷新了，这不但是孙正义在互联网泡沫后投资最大的一单，也是互联网公司单笔融资数额最大的一单。同时，阿里巴巴又向未来的C2C淘宝网络公司注入了3.5亿的资金，其余的留在阿里巴巴的账户里作为储备金。这次的投资结果公布后，就有媒体在记者招待会上向马云和阿里巴巴表示祝贺，然而马云却认真地告诉记者："你们应该恭喜的是我们的投资人，而不是我们。"

　　马云拿到孙正义的投资后，他就一直在思考一个"曲线救国"的策略，这个策略一定要完善独特，而且要有实效。突然马云想到了一个好方法，那时候eBay都是在走高端的都市化路线，连合作也都是跟一线二线的门户网站合作，那既然如此，我们不如反其道而行之，把淘宝发展到"农村去"，说不定就能来个农村包围城市，"武装"夺取市场呢，毕竟互联网也是一个没有硝烟的战场啊！

　　想到就要做，这是马云成功所必备的优点。其实这里所说的农村并不是真正的乡村，而是指互联网上那些新生力量。因为马云就是从开小公司创业的，所以他对"小"的东西很青睐，认为"小"就是好、就是精致。现在有些小众网站也很受网民的喜爱，因为一些小网站总是个性鲜明，吸引着众多粉丝，这些小网站和网络"散民"的力量聚集起来，也将是一股不可小觑的新势力。

　　想到这里，马云很是兴奋，eBay既然能够联系到其他国内顶尖的门户网站封杀淘宝，马云也能利用这些小的门户网站进行突围。再有一个优势，这些新生力军因为规模较小，所以广告费很便宜，而且他们各自也拥有大批的"粉丝"，这些"粉丝"也都将成为淘宝网的潜在客户。对于现在的淘宝网来说实在是一个很好的宣传阵地。

　　事实再一次证明，马云的眼光是多么独到，阿里巴巴派人跟这些小网站说明合作意图，立刻就受到了对方的热烈欢迎。毕竟对于这些小的门户网站，阿里巴巴的知名度对他们自身也有着强大的宣传作用，这种互利互惠的事情完全就是共赢。而且，有一件好事更是出乎马云意料，当时国内的互联网上的大部分小站点都组建了站长联盟，这就使得这些小型网站能够帮助淘宝网联合推广，起到了让人惊叹的作用。

　　自从阿里巴巴与小型网站合作后，便开启了互联网宣传时代的新天地。阿里巴巴用极其便宜的价格就拿下了那些小网站的广告投放权，这种宣传策略立马显示出了优势，越来越多的潜在客户浮出水面，淘宝网上的会员也日渐增多。由于大家都涌进淘宝注册会员，开店经营，一时间淘宝网声名鹊起。阿里巴巴的员工看到淘宝网变得这么繁荣，开心之余也不由得向马云吐槽道："这些小型网站的宣传效果这么好，干脆直接将三大门户网站上的广告都撤掉，全部投放在这些小型网站上算了。"

面对着兴高采烈的员工，马云笑着摇了摇头："对于三大门户网站上的广告投放权，我们坚决不能撤掉，顶尖的门户网站自有它们的受众群，而且，只有它们才能算是中国互联网广告的高端市场。我们现在确实是取得了很大的成绩，但是我们不能松懈，要两手抓，既要继续保持住小型网站上的投放量，又要积极跟顶级门户网站进行合作。"这一番话让员工们心服口服，有一位看问题如此全面的掌舵人，不得不说是阿里巴巴的一件幸事。

生意场上没有永远的朋友，也没有永远的敌人，只有永恒的利益。随着淘宝网的影响力越来越大，一些比较出名的网站竟然主动找上门来，要求和淘宝网合作。看来eBay想要在互联网上封杀淘宝的手段已经开始失去效用了，淘宝网在拿下了一批二线门户网站后，也迎来了顶尖门户网站寻求合作的意愿。搜狐的CEO张朝阳，跟马云原本就是老对手，也是老朋友，自从搜狐与易趣签订的广告投放协议到期后，搜狐方面就立即推掉了易趣续约的请求，张朝阳亲自找到马云，率先和淘宝网展开了合作，很快，双方就签订了广告投放协议。

就在宣传方面进行得如火如荼的时候，马云在内部员工整顿方面也丝毫不敢懈怠，"工欲善其事必先利其器"的道理他比谁都明白。于是马云专门为公司上下的员工量身制定了一套考核制度，名曰"六脉神剑"。这套考核制度包括价值观和个人的业绩方面，只有既有能力又忠诚的员工才是阿里巴巴最优秀的人才。这套考核体系一出来，就广泛应用到现有的员工考核及招聘新员工上，"六脉神剑"的出台为阿里巴巴迎来了很多人才，当然也剔除了一些不合格的员工，在培训的时候，阿里巴巴还把员工等级分为猎犬、野狗、小白兔三类。

"猎犬"指的是业绩突出、发展空间大且个人价值观跟公司十分契合的员工；"野狗"是指个人业绩还不错，但是不服公司管教、无组织无纪律的员工；"小白兔"是指业务能力不太够，但是服从公司安排，十分认同公司价值观的员工。对于"猎犬"型员工，当然是多多益善，而"小白兔"型的员工也是值得公司培养的，但是"野狗"型的员工却是阿里巴巴绝对不会用的，这也看出了马云在选拔员工的时候，相比能力，更看重员工的综合素质。

"六脉神剑"简直成了阿里巴巴的天条，不论是高层管理人员，还是新进公司的员工，大家都按照这个标准要求自己。马云说过，一旦发现"猎犬"员工，就立刻让他接受最好的培训，因为公司正在发展和上升期，需要大量这样的人才。"小白兔"员工也会接受公司有期限的培训，如果个人业务依旧做不好，或者是因为懒怠导致业绩平平，即便价值观跟公司很契合，阿里巴巴也会将他辞退掉，因为马云不能因为一两个人而放弃200个人，公司不是福利院，而是一个有竞争的地方。对于"野狗"员工，业务方面自然不用担心，而组织纪律方面，阿里巴巴也会给一个期限，如果及时改正，就会正式聘用，如果还是"江山易改，本性难移"的话，阿里巴巴也会毫不客气地剔除掉。任何违反"六脉神剑"的人都会遭到阿里巴巴的淘汰。

2004年，有一名业务能力很强的员工在与客户通话的过程中，满口答应给对方一定的"回扣"，这件事很快被阿里巴巴的高管发现了。第二天，马云毫不留情地辞退了这名员工，马云说："即使他业务优秀，甚至是上赛季的销售冠军，我还是不能留着他，因为他违反了公司的规章制度，伤害了公司的诚信。"马云还提到，急功近利只能让你甜一时，却不能让你甜一世，一定要端正自己的心态，审视自身的行为，这个被辞退的员工就是一个例子。

三、从"战胜 eBay"到"eBay 已经不配当对手了"

还记得2003年7月，eBay总裁惠特曼在华尔街公开声明要在一年半的时间内结束中国电子商务的战争。然而2006年的5月，马云就在美国宣布，这场中国电子商务的战争确实结束了，因为淘宝网已经彻底战胜了eBay。

其实，淘宝网与eBay竞争的第一个策略就是免费。当时的eBay还是C2C网站里的霸主，也是淘宝网最强大的对手，要想真正攻克eBay，就要发掘出一个eBay没有的优势，才能把这场战争打下去。正在大家都集思广益，如何才能让淘宝抢占C2C市场的时候，孙彤宇突然找到了马云。

原来，让孙彤宇苦恼不堪的事恰好跟马云一直想的是同一件事情，但是不管他怎么想都没有思路，两人商量来商量去，马云突然一拍脑袋，问孙彤宇："你说，人最喜欢什么？"孙彤宇毫不犹豫地说："喜欢占便宜啊……"看着马云笑眯眯的表情，孙彤宇立马明白了马云是什么意思："对呀，既然人人都喜欢占便宜，人人都逃不过这个心理，我们为什么不用免费作为一个噱头呢？"

马云听完孙彤宇的话连连点头，对呀，要想盈利，就要先把免费做到底。于是两个人就对这个突然想到的点子商议了一下，最后一致决定，淘宝网的所有会员都可以免费开店。至于这个免费开店的期限还没有决定，因为自从走出互联网泡沫期之后，阿里巴巴的盈利一直在稳步上升，这时候推出的C2C网站可以说是"背靠大树好乘凉"，所以淘宝网刚创建的时候，是不能指望它立刻就盈利的，先把C2C的市场彻底打开才是当前的首要目标。他们现在要做的不是向客户们收费，而是要让淘宝的会员接受它、喜欢它，甚至是离不开它。基于这一点，马云在第二天又宣布，所有在淘宝网上开店的会员都可以免费开三年，也就是说，一直到2008年都是免费的。

其实，对于这个淘宝免费开店的策略，马云一开始只是想利用免费开店这个噱头赚取一定的人气，等用户群吸收多了，再向会员收取费用。马云却吃了这种想法的一个亏。2005年，当淘宝会员逐渐增多时，马云就让淘宝推出了一个项目，名字叫作"招财进宝"，马云和高管人员推出这个项目的主要目的是想试试水，看看把淘宝的免费开店变成收费开店，有没有什么实质性影响，这次试水的结果却大大出乎阿里高层的预料。

面对这次淘宝网站的"提前收费"，淘宝会员纷纷撤掉了自家的店铺，用这种方式强烈地反对淘宝官方，并且就像商量好了一样，一夜之间让淘宝"罢市"。面对这个淘宝网站建立以来最大的危机，阿里高管立即召开了紧急会议，连夜撤掉了这个项目，才逐渐挽回一些淘宝的商户，这也让马云彻底打消了淘宝收费这个念头。

因为他已经吃过一次亏，就不可能再犯一次错误。钱固然重要，但是如果只一味地注意这些小钱，最终的结果可能是丢了西瓜捡芝麻，淘宝已经做到盈利，没有必要为了一些额外利润就伤害一直以来支持淘宝的商户们的心。只有把自己的格局放大，才能走得更远。

随着淘宝网站越来越多元化地盈利，它也日复一日地繁荣起来，作为阿里巴巴的子公司，淘宝也不再是需要阿里扶持的网站，而是逐渐成为阿里巴巴最强有力的支柱。

然而马云心里也明白，如果没有一个完善的交易服务平台，光依靠免费这一条路是远远不够的。因此，在淘宝网刚刚建成的时候，马云就将阿里巴巴"客户至上"的价值观移到淘宝。马云自己也频繁地和会员们进行各种各样的交流，了解不同客户的不同需求，并且把这些需求都整理下来，为了解决一个问题，他可以在论坛里跟淘宝的会员一直聊到深夜。就这样，马云为淘宝网建立起了强大的服务支持，那就是"用免费的方式，做出比收费更好的服务"。对于客服，马云对他们的首要要求就是用心去服务，而对于技术部门，马云的要求则是做出不需要服务的产品。

当时除淘宝网外，所有的在线拍卖网站都是收费的，而它们的收费方式主要有3个方面。第一个是交易服务费。成交之后，网站收取大概2%的服务费，如果交易失败就不收费。第二个就是登录费。所有在线上发布的商品都要缴纳到0.6~8元的登录费。第三个是推荐位费（橱窗展示位）。主要是针对那些想要置顶的商品或商铺，向他们收取的各种各样的推广费用。而淘宝网则全部免费，免费对于普通人来说都是个诱惑，何况是对精明的商户们呢？

这个策略对于在互联网上做买卖的商户来说，无异于是天上掉馅饼。在淘宝网上对商户免费开放，就如同在现实社会中，对商贩们免除了铺面租金、取消了营业税甚至水电费，而且还开拓了商户们的市场，对他们来说这是何等的诱惑力？淘宝网打出的免费大旗让eBay大吃苦头，在2003年年底的时候，淘宝新的注册会员大概有30万，其中还包含了一大部分的eBay会员。

然而大家都在怀疑，马云这么做到底是赚了还是赔了？其实，要想在资本收入和免费开放之间做到平衡，是一件很困难的事。对于免费的活动，马云是一直重点强调的。他认为，淘宝网的收费应该等到整个市场成熟之后再进行："淘宝一旦收费就必须盈利，就像阿里巴巴收费的第二年就赚到了钱。如果收费了还是亏损，收费也没什么意义。现在我宁肯先把网站的平台和服务做好。"

虽然马云对盈利并不担心，但是天下没有免费的午餐，起码没有永远免费的午餐。早在2006年，淘宝就推出了"淘宝商城"，这个"淘宝商城"就是为了盈利而专门准备的平台。当时，已有近一万家著名的品牌厂商在淘宝商城里开设了专卖店，其中包括摩托罗拉、宝洁等国际大品牌，也包括爱国者、李宁、联想等国内著名品牌。而且淘宝通过新平台B2C模式，向商家收取一定的服务费来缓解淘宝网上免费模式的经济压力。

马云在2005年就曾预测说："大不了我们可以轻松地卖广告。"三年后，淘宝网官方的数据显示，这一季度，同时在淘宝网上线的商品数已经超过1.4亿件，面对这个如此庞大而又具有潜力和发展前景的市场，马云对未来充满信心。

反观eBay，不求创新是它最大的硬伤。eBay刚开始就是针对个人的卖家，而不是真正的商户，就是美国人常用的"院子交易（yard sales）"或者"花园交易（garage sales）"，美国人通常会在周末把家里不要的东西整理出来，然后放在院子里或者花园里甚至是门口，卖给路过的人。

本来，eBay让他们直接面对全美国甚至全球是一个很好的创新，因为把东西挂在网上比把东西摆在家门口更容易推销出去。而如今，eBay的卖家已经不只是个人了，而是很多很多的专业商户，可是它却没有针对专业的商户有任何改动，还是10年前那一套"院子交易"。

而淘宝网呢，用不了一年，只要你几个月不上淘宝，就会发现淘宝网变得跟以前大大不同，它的创新和效率是非常惊人的，而且淘宝网的服务也首屈一指，不断改变自己，迎合新的客户群体。可以说eBay是典型的"大象公司"，眼高手低不敢变动，只是一味地吃老本，而阿里巴巴即便是市值比eBay还高的情况下，却还是一个创业者的"蚂蚁公司"心态，不断推陈出新，这是非常难得的。

四、"蚂蚁"和"大象"的对话

　　这里说的"大象公司"和"蚂蚁公司"，出自台湾鸿海集团的董事长郭台铭，郭台铭是地地道道的台湾人，在1974年创建了鸿海集团，1985年成立了子公司富士康。在成立鸿海塑料集团初期郭台铭也经历过失败甚至负债，而后一路拼搏才有了今天的地位。2007年9月16日，郭台铭和马云在"第四届中国网商大会兼第二届中国网商节"上，展开了"蚂蚁"和"大象"到底谁会主宰江湖的讨论。郭台铭在业内一直被称作"枭雄"，而马云无疑是靠着阿里巴巴初入江湖的少侠，当初入江湖的少侠遇到老前辈，江湖一定会起波澜。

　　在郭台铭看来，网络经济说白了，就是一个虚拟里的实境。郭台铭有个例子："不可能说我买一碗面，就可以从网上下载下来直接吃吧？"郭台铭只坚持一点，那就是虚拟实境的新经济形态，最终还是要以庞大的实体产业做依托，才能实现虚拟实境的最终价值。对此，马云不以为然："我们都有一个梦想，我的梦想刚好跟郭先生相反，我们第一次吵架就是从这儿开始。我认为大企业在信息时代会越来越小，我的梦想就是把所有像富士康这样的大企业变成小企业，至少把它拆得七零八落的。"这是马云的原话，马云面对比自己年长近15岁的老大哥郭台铭，一点也不掩饰自己的雄心，也不客气地给出了自己的观点，甚至还拿郭台铭的子公司富士康举例子。可是郭台铭不但不生气，反而更欣赏这个意气风发的年轻人了。

对于郭台铭来说，他的公司自然就是"大象"，而郭台铭本人也最欣赏多年前IBM总裁说过的一句话：大象会跳舞。对于现在这个时代来说，信息就意味着金钱，然而这个道理并不是只有那些搞网络经济的人才明白的。郭台铭指出，自己的鸿海集团在15个国家和地区都设有工厂，各种信息都能通过互联网，在很短时间内传送到每个角落。通过互联网，大企业的枝藤将伸得更广更开，神经系统也将更加敏感。郭台铭不断强调大企业一定要做到"规模与弹性之间的平衡"，蚂蚁的优势只在于它们更灵活。但在他看来，只要大象会跳舞，懂得在严格制度流程和具体问题间寻找平衡，这个世界还是属于大象的。

而马云则是典型的"蚂蚁代言人"，马云对郭台铭说："这么多年了，阿里巴巴的发展为什么专注中小型企业？因为这些蚂蚁最需要帮助，最具有团队意识。"马云认为，过去之所以大企业所向披靡，是因为大公司拥有大量的且秘密的资讯，再加上雄厚的资金优势，才会比小企业发展得更好。而今后，在互联网商业里是谁越灵活，谁就越成功，而不是规模越大越成功。所以，马云希望世界上能有更多的蚂蚁，甚至蚂蚁的数量超过大象。因为大象如果不努力，也是会摔跟头的，而且大象摔跟头，必定伤筋动骨。

郭台铭还是很认同马云的阿里巴巴的，于是郭台铭对马云说："在我看来，阿里巴巴也是一只大象，而阿里巴巴的网商聚集在一起，就是一群蚂蚁的雄兵，因为如果要搬一颗糖，仅靠一只蚂蚁是不够的，众多蚂蚁的齐心协力加上合理的分工合作，才能让阿里巴巴这头大象走得更长远。"马云对这一点深表认同。

但究竟是大象赶走了蚂蚁？还是蚂蚁雄兵搬动了大象？"枭雄"和"少侠"的江湖交锋在网商大会上达到了高潮。郭台铭质疑马云的蚂蚁经营理念的后续问题："就算蚂蚁靠一个团队来搬动一块糖，但蚂蚁该如何分配这块糖？利润分享和回馈要如何解决？""可是究竟又有几头大象能跳舞呢？"马云又质疑郭台铭的观点，"真正能跳舞的大象郭先生就在这儿，能跳舞的大象都是国宝，国宝就是少，能长上翅膀的老虎我还没见过。"郭台铭坚持认为，蚂蚁想发展，最好的办法是爬到大象的背上，这样才能有所作为。而马云也毫不让步，他认为蚂蚁的优势就在灵活和个性化，如果坐到了大象的背上，就是放弃了它的灵活性和机动性。郭台铭认为，蚂蚁的最终目的也是为了壮大，向着大象的专业化和制度化方向发展。马云认为大象往往对制度墨守成规，很难顾及细节，最终会丧失进取的能力。

淘宝在抢回了70%的市场份额的基础上，把原本狂傲得不可一世的eBay逼得不得不灰溜溜地退出了中国市场。马云让淘宝网战胜了eBay，用的是蚂蚁的方式，用的是适合中国人的拍卖网站。巅峰时期的eBay，这个领跑全球C2C市场的企业，两年内就在中国被马云的淘宝网彻彻底底地击溃了。可以说，正是eBay这种强大的敌人给了淘宝网外部的强烈刺激，让他们不断进取，不断努力，为了不被eBay打败，在这场没有硝烟的战场里，阿里巴巴没有退缩。当时eBay已经占了全中国C2C市场90%的股份，如果淘宝网输掉，那就是中国的全面溃败，淘宝也将没有立足之地。所以，马云破釜沉舟，百折不挠，最后终于漂亮地结束了这场互联网之战。

2006年，靠着合作伙伴雅虎的支持，马云向百度和谷歌这两家最有影响力的搜索引擎发起了挑战。他早已经不是那个妄想一口吃成胖子的初出茅庐的"傻小子"了，他不停地告诉自己，慢慢来，把每一步都走得沉稳扎实。有了成功战胜eBay的经验，马云变得愈加沉稳平和，自信满满。在马云成功战胜eBay后的某一天，记者会上有媒体问马云怎么看待与eBay接下来的竞争时，马云只是云淡风轻地说道："eBay已经不配当阿里巴巴的竞争对手了。"

第 四 章

创建支付宝，开篇新时代

一、创建支付宝，是我最大的成功

淘宝在与eBay的对决中，马云抱着必胜的决心制定了一系列的策略。其实，除了淘宝网打出了交易费的费用全部免除及优秀服务的这张王牌外，最伟大的事件是马云为淘宝量身打造的免费王牌：支付宝。

马云清楚地意识到，易趣、淘宝网这种C2C网站和作为直接经销商的"卓越""当当网"不同，它们只是提供一个虚拟世界里的交易平台，对买卖双方没有一个强有力的约束。如果买家的货款或者卖家产品出现了问题，这个风险只能由买家和卖家各自承担。原始的淘宝网卖家为了保护自身的利益，通常会采用先收钱再发货的形式，但在这种情况下，买家的货款又有了风险。即便有卖家店铺以往交易记录作考量，但买家仍然承担了非常大的交易风险，这是买家们都不愿意的事情。这也是之前几年，虽然成交数量不少，但金额都普遍不高的主要原因。

买家和卖家都处于小心试探的阶段，所以解决支付风险的问题就变得迫在眉睫了，如果淘宝网的交易没有更大的进展，那它的市场容量也就不可能扩大。于是，淘宝网甚至是整个市场的买卖双方都在强烈地呼唤第三方信用中介参与进来，以保证彼此的交易能够顺利完成。可是，每家企业都知道"趋利避害"，没有一家企业愿意跳出来承担这个交易的风险。易趣不敢做，其他的C2C竞争对手也不敢做，但这无疑就是市场之需，是淘宝网的一个契机，马云又怎么能够轻易地放过这块空白？

2003年10月，马云果断地抓住了"交易风险"这个人人都不愿触及的市场空白，打着试试水的态度发布了"支付宝"服务。"支付宝"就是买家将货款打入淘宝网所提供的第三方账户，等到货物确认收到后，再由"支付宝"将买家的货款支付给卖家。这无疑大大降低了买家的风险，也提高了卖家高价格货物的交易量，如此一来，买卖双方彼此拍手称快，对淘宝网勇于承担风险的举措也大加赞赏。由此，淘宝的会员注册数和成交率节节攀升，"支付宝"也成为淘宝网击溃eBay最重要的武器。

2003年10月18日，马云首次在淘宝网上推出了"支付宝"服务，到2004年12月，支付宝中国网络技术有限公司正式成立。它是国内拥有着良好信誉的第三方支付平台，自从支付宝创建以来，它就以"信任"二字作为服务的核心和产品的优势，这也使得支付宝在国内一直处于领先地位。而到了2014年，支付宝已经成为全球最大的移动支付提供商，深受广大群众的喜爱和追捧。

渐渐的，支付宝的业务范围就从最开始的淘宝网的第三方支付平台拓展到了信用卡还款，水电费、煤气费的缴费，网络支付转账，手机充值等。不仅如此，支付宝还涉及理财服务和其他多项服务领域。截至2016年底，支付宝实名用户已经超过了4.5亿人，并且大大方便了人们的日常生活。但是，这项堪称马云最伟大发明的支付宝，在建立之初却饱受质疑。

首先，当时打着免费旗号的淘宝网并没有一个放在明面上的、确定的盈利模式，而且还有eBay这座大山时不时地给淘宝网一点压力。这时候马云又扛出来了一把"免费大旗"，在别人眼里的他简直就是个疯子，连阿里巴巴高管层那些熟悉马云的人也都十分不理解，他们认为这个免费的支付宝服务对公司的盈利收入简直没有任何帮助，至少在短期内不会给公司带来一点盈利。

马云听完大家的担忧就笑了，他给大家讲了这样一个故事：支付宝并不是中国的第一个虚拟货币，早在宋代的时候就出现了一种虚拟货币，名字叫作"交子"，其实"交子"既不是贝类，又不是贵金属，仅仅是一张纸，上面盖着一个官府的大印，虽然每张"交子"实质上都是一文不值，但是每一个人都愿意去相信它、使用它，没有一个人跳出来质疑这张纸币的权威性。既然那时候那么保守的人们都能信任这种虚拟货币，那让现代人接受支付宝又有什么不可能呢？

马云胸有成竹的样子并没有打消众人的疑虑，大家还是担忧重重，马云也没有继续反驳大家。因为他知道，网上的第三方支付说起来困难，实际上很简单，只要建立起一个完善又强大的信用体系，再做好足够的宣传，用口碑使大家放心就可以了。如果支付宝这个便捷的第三方虚拟支付平台真的成功，那么人们的生活就将发生翻天覆地的变化。举一个最简单的例子，如果说淘宝网是不用出门逛街，那么支付宝就是出门逛街不用带钱包。古代人们有了"交子"后，就不用再提着满满的金银货币上街采买了，而如今支付宝也做到了这一点，甚至是更便捷。

然而，说起来容易，做起来还是一件比较困难的事情。比如说，怎么让用户都相信支付宝的安全性？这就是一个让马云头痛的问题。于是马云进行了换位思考，如果他是一个用户，正在虚拟实境里买东西，这时候有人跟他说有一个第三方的支付平台，他会对这个虚拟的支付平台有什么样的要求。最后，马云得出了结论，只要保证支付宝不偏离保障用户实际利益这个大方向，支付宝就肯定会变成一个火爆的支付平台。

于是，马云开始重点打造支付宝的安全性，他首先提出了一个六字方针"简单、安全、快速"，万变不离其宗，所有的举措都要秉持着这六个字来操办。因为马云坚持这个方针，所以支付宝推出后没过多久，就得到了广大群众的支持和喜爱。但是马云心里一直有个疑惑，他甚至跟身边的人开玩笑说，我办支付宝这个软件，会不会被抓去坐牢？然而，他不但平安无事，还在2011年获得了由中国人民银行颁发的《支付经营许可证》，这是国内的第一张此类证书，也就是说，马云非但不用去坐牢，他的支付宝还赢得了国家法律的支持和保护。

为了更好地保证用户群体的安全和利益，阿里巴巴和腾讯、微软、搜狗、金山、火狐、遨游等各大安全厂商及银行等结成了合作伙伴，并开展了长期的合作关系。支付宝凭借着这些合作关系，逐渐建成了国内电商领域里最大的实时信息库。为了防止恶意"钓鱼事件"的发生，支付宝也为他的合作伙伴每天提供数千条的"钓鱼信息"。

与此同时，支付宝还积极地跟国际反钓鱼组织机构开展合作，其中有Netcraft、MarkMonitor，还有一些像TrendMicro、MicroPoint这样的国际安全厂商，从而使得支付宝和淘宝网可以避免来自海外的钓鱼网站的侵害，并能对这些海外钓鱼网站进行屏蔽和关停。这种国际性的大保障，使得支付宝的安全性日复一日地增强起来，因为像支付宝这样的支付交易平台，一旦有了信誉问题和危险因素，就绝对难再继续走下去了。

支付宝携手众多反钓鱼网站和浏览器厂商，在整个2013年期间，在打击钓鱼网站方面取得了骄人的成绩。这期间，一共有155282个钓鱼网站被果断屏蔽，这个数字是很庞大的，已经占到了全球的四分之一。为了进一步提高支付宝支付平台的安全性，马云还跟全国各地的公安机关积极合作，针对各种手机木马的盗用和利用支付宝进行欺诈的案件进行严厉地打击与迅速侦破。在2013年期间，公安机关一共抓获了35名犯罪嫌疑人，成功破获了16个作案团伙，这是让广大支付宝用户都为之骄傲的战果。

解决了安全问题后，下面就是服务范围和领域的扩大计划。马云积极地在全球范围内寻找合作伙伴，因为他坚信支付宝日后一定是一家国际公司，所以现在就要跟国际接上轨。于是，马云促成了支付宝跟国内外180多家银行的合作，包括VISA和MasterCard等国际组织。因为支付宝一直以来都有着敏锐的市场洞察力和严谨的作风，慢慢地，支付宝成长为银行等金融机构可以信任的合作对象，也成为支付领域里当之无愧的"支付领袖"。

支付宝的领域不但包括水电费、煤气费的缴纳，日常交易支付，信用卡还款，手机充值等日常业务，马云还专门设计推出了"蚂蚁花呗""蚂蚁借呗"等超前消费软件，以及余额宝这样的理财软件。支付宝公司包括"支付宝"和"支付宝钱包"这两个独立的品牌，在支付宝公司进入移动支付领域后，它还为各大超市商厦、出租车公司、电影院等公共场所提供服务，甚至连摊贩都开始使用支付宝作为日常的交易手段，马云的支付宝真正为广大群众提供了难以想象的便利。

如今，支付宝已经不再是那个饱受质疑的小平台了，它凭着"简单、安全、快速"这六字方针，以及马云坚信支付宝能改变生活的信念，一步一步，越走越强。可以说，支付宝改变了中国人的支付方式，把中国带入了移动支付的新时代，在这一点上，马云功不可没。

二、安全支付，合作《天下无贼》

对于喜爱电影的读者朋友来说，《天下无贼》可以说是一部必看的经典电影。这部电影是由著名导演冯小刚拍摄的，也是2004年的贺岁片，然而现在回忆起《天下无贼》，除了王宝强"傻根"的耍宝搞笑和刘德华、刘若英的精湛演技外，印象最深的就当属随处可见的淘宝网的小旗了。《天下无贼》当时疯狂席卷了1.2亿元的票房，这股"天下无贼"大旋风也让淘宝网火了一把。

其实，马云并不是一个喜欢看电影的人，他喜欢金庸的武侠小说，基本上也就只看过金庸的书，因为他忙得没有时间去做别的娱乐消遣。所以一开始，他只在自己熟悉的领域里宣传淘宝，这个领域就是互联网。可是那时候，顶尖的门户网站全被eBay封锁了，没有人敢冒着巨额赔偿的风险来给同行业的阿里巴巴做广告。所以，马云更是焦头烂额，没有时间去看什么电影了。

然而，事情就是这么巧。有一次，马云正巧经过员工的办公室，听见里面的员工都在讨论一部电影，这些员工都是阿里巴巴年轻的血液，此时因为一个电影聊得是热火朝天，马云不由得起了好奇心。因为他本身就是一个喜欢热闹、喜欢聊天的人，于是就想走进去看看这是怎么回事。还没进去，里面就爆发出一阵哄堂大笑，马云一脸莫名其妙，心里也更加好奇了，于是他立马抓住一名员工问："怎么回事？你们到底在笑什么？"

这名员工笑得更起劲了，他告诉马云，他们是在谈论一部电影，是周星驰的，因为他们都爱周星驰的电影，尤其是那部最最经典的《大话西游》。马云不由得调侃道："《大话西游》我没看过，有那么搞笑吗？"这时，那名员工立马收住了笑脸，换了一副严肃而悲切的面孔对马云说了一句话："假如上天再给我一次机会，我会对你说，我爱你。如果非要在这份感情上加一个期限，我希望是，一万年……"同办公室的年轻员工听完也都收起了笑容，大家的脸上满满都是感慨。

看着这一屋子年轻员工感慨的面孔，马云的心里不由得一动，他倒不是对这部电影起了好奇心，而是他突然想到，既然现在的年轻人都对电影这么热衷，假如把淘宝网放到电影里宣传，那该会有多么绝妙的效果啊！只要对症下药，选一部影响力极佳的电影，把淘宝网的广告放到里面打出来，凭借电影对年轻人的影响力，淘宝网一定会声名大振的。

不得不说马云确实是一个天才的商人，连听别人讨论电影都能发现商机。说干就干，马云立即展开了"电影宣传战"的策划，找到了著名导演冯小刚。那时，冯小刚正在拍摄《天下无贼》，马云到了《天下无贼》剧组，立刻就感觉这部电影一定会大火，于是立马跟《天下无贼》剧组建立了合作伙伴关系。马云从公司拿出了1000万的宣传费用，将合作的领域扩大，不仅运用了海报宣传、新闻发布会、电影电视、广告贴片等手段去推广，还在网络开发和增值方面开展了合作。即便这样坚决地跟《天下无贼》合作，马云心里其实还是没底的，因为他对电影所带来的真实效益没有什么概念，也拿不准《天下无贼》到底会给淘宝网带来什么样的宣传结果。就当马云左思右想、忐忑不安的时候，淘宝网却真的一下子火了起来。

《天下无贼》一播出，就引来了无数观众潮水般的好评，在电影里随处可见的淘宝网小旗子也成了观众们津津乐道的话题。许多之前没听说过淘宝网的年轻人纷纷开始搜索淘宝网到底是什么，并且一上网就被淘宝深深地吸引住了，因为淘宝网是在《天下无贼》这部影片里宣传的，所以大家无形就对淘宝网多了几分信任，淘宝的交易额也逐渐增多。

而且，淘宝网响应当时的"天下无贼旋风"，在淘宝网上拍卖《天下无贼》剧组里大牌明星们所使用的各种道具，比如李冰冰的数码照相机，还有刘德华在剧组里戴的礼帽，还有马靴、皮裤等。所有的这些产品，都是一元钱的起拍价，引起了众多"粉丝"的热烈追捧。刘德华在《天下无贼》里穿的皮裤，更是被"粉丝"炒到了两万元，而这种竞价的拍卖不但带来了可观的交易额，还为淘宝大大地做了一次宣传。

一夜之间，淘宝的关注度就到了让马云深深震惊、让对手暗暗咋舌的地步。面对这么好的宣传效果，马云简直乐坏了，淘宝网借着《天下无贼》的东风，交易额一路扶摇直上，彻底突破了eBay对它的封锁。当然受益的不只是马云的淘宝网，冯小刚执导的《天下无贼》也成为中国国内第一部完美结合商业广告宣传的电影。

支付宝的推出，首先使人担心的就是安全问题。要解决大家心中的这个疑虑，马云苦思冥想了很久，突然灵光一现，自己怎么把当初《天下无贼》和淘宝网合作的宣传事件忘了呢？支付宝才更加符合《天下无贼》的主题啊，于是马云立刻找到了《天下无贼》的出品方华谊兄弟。到了华谊，马云就表明了想跟他们再次合作的意愿，并请到了华谊兄弟的一把手王中军来担纲，再拍一部《天下无贼》的续集。当然，这部影片不只是《天下无贼》的续集，更是一部为支付宝呐喊助威的商业广告片，并且为了在大家心里赢得好感，马云决定还是由王宝强、冯远征、范伟、葛优这些原班人马出演，用电影渠道为支付宝安全高效打一部好广告。

第一部《天下无贼》大家都知道，刘德华和刘若英是一对"小偷夫妻档"，因为刘若英不想再偷东西而跟刘德华产生分歧。这时候，他们在火车站遇到了刚刚领完薪水的农民工傻根，刘若英饰演的王丽被傻根的善良单纯而深深打动，决定圆了傻根"天下无贼"的善良梦，让他的辛苦钱不被人偷走。虽然刘德华饰演的王薄总是在找时机对傻根的六万块辛苦钱下手，但最终还是加入了王丽的阵营，两人一起并肩作战，暗中保护傻根。可是让人没有想到的是，傻根的六万块钱早就被一伙有名的盗窃团伙给盯上了，为首的正是葛优饰演的黎叔，最后王丽、王薄费尽千辛万苦，才帮助傻根保住了他的六万元辛苦钱。

让大家感动的正是"天下有盗，但盗亦有道，天下有贼，但贼能从善"的主题理念，傻根就是每一个人心中善良一面的化身，保护他，就是守护每个人心中的那份善良。想到此处，马云决定这次让傻根聪明一把，也用支付宝让那些盗贼傻傻眼。于是，这次傻根不再带着现金四处奔波了，而是用支付宝这个安全方便的支付平台，把攒下来的辛苦钱"寄"回了老家，但是支付宝又是不收费的，所以这次寄钱，傻根一分钱手续费都没有掏，避免了以往寄钱"光手续费就能买一头驴"的情况发生。其间，电影里还十分契合地说了一句著名的广告词，也正是这句脍炙人口的广告词让支付宝真正地被广大群众信任："用支付宝，天下无贼。"

当支付宝成为防盗最好的工具时，它自然就会深入民心，迎来大批用户的追捧和喜爱。尤其是这部众星云集的电影在老百姓当中播放的时候，大家都愿意相信支付宝是一个安全快捷、高效防贼的好平台。于是在网购中，越来越多的人选择了支付宝，在生活中，使用支付宝的人也越来越多，支付宝真正走进了千家万户。

通过淘宝网和支付宝在电影渠道宣传而取得的重大成功，马云彻底对娱乐电影业改变了看法。马云渐渐明白了，只有老百姓喜爱的产品才会有未来，自己在做公司的时候不能墨守成规，要与时俱进，吸取时代发展的新鲜事物，取其精华，去其糟粕，跟不上时代的脚步是行不通的，自己最崇尚的"蚂蚁精神"不就是因为其灵活性吗？当然，马云绝不是一个不懂变通的人，从他各方面的超常思维就能看出来。所以他才会把公司办得如此有声有色，在竞争激烈的行业里闯出了自己的一片天地。

三、安全护航，与银行的合作双赢

马云的支付宝能够走到今天，靠的不仅仅是免费这一招，因为在市场竞争中，价格只是一个可调因素，而不是一个决定性因素。既然马云的支付宝打造的是一个交易支付平台，首先要做到的就是安全，所以支付宝一直都在打"信任战"。它所需要的，就是赢得广大用户对它的信任。

马云从沾上互联网以来，就一直被人称作"骗子"，而且一直没有停止过。从《中国黄页》到阿里巴巴的创建，从淘宝网到支付宝，马云一直饱受质疑，不仅是用户的质疑，还有一部分来自阿里巴巴高管层的阻挠，但是他还是一往无前地做了下去，并且证明了自己。

事实上，在使用支付宝的时候，用户最关心的事情并不是免费和快捷，而是安全。这个问题不只是买卖双方最担心的问题，也是马云最想证明自己产品的关键。为此，马云做了一个决定，那就是与银行合作。银行是国家的企业，也是老百姓在日常生活中接触最多的金融场所，相对来说，也是最受老百姓信任的金融机构。于是，马云在各大银行之间奔走游说，如果银行都同意做马云的合作伙伴，那无疑是在老百姓心中插上了一把"安全无忧"的大旗。在众多银行当中，最先与马云建立合作关系的是中国建设银行。

2005年11月22日下午，阿里巴巴网络技术公司和中国建设银行在北京隆重举办了"银企战略合作协议签约仪式"，这也为马云的支付宝打开了新世界的大门。根据协议规定，此后，双方将在特定的领域里结成长期的合作关系，这些领域包括金融技术、金融创新、金融服务和金融产品等，在建行开辟了银行和企业合作的先河后，陆续又有一批银行同意了马云的合作要求。

2006年3月，工商银行、民生银行、浦发银行、农业银行等十余家银行陆续与支付宝合作，并且相约共同开辟电商市场。2008年，支付宝与光大银行合作，推出了"一站式公共事业缴费服务"，这些公共事业的缴费主要包括电话费、水电费、煤气费等。在2010年的时候，支付宝与中国银行合作，首次推出了信用卡快捷支付业务，支付宝可以办理信用卡的还款业务。2011年，阿里与交通银行开展合作，开通了快捷支付和"交行淘宝旗舰店"等新业务。2013年，民生银行也与阿里巴巴达成了战略性合作。

为了让支付宝更好地吸引用户的眼球，马云与建设银行合作的用户，可以刷建行卡消费，并且消费的金额可以兑换淘宝网的购物积分。也就是说，刷建行卡花的钱得到的积分，还可以在淘宝网上购物，对用户来说等于多了一次消费；对于建设银行来说，也多了刷卡消费的用户群；对阿里巴巴来说，淘宝交易额也会上升，并在用户心中建立了良好形象。一举三赢，这才是马云的高明之处。他曾经说过，他不会只把钱装进自己的口袋，而是会把钱拿出来让大家一起分享。

支付宝推出的一系列活动大大刺激了用户群的刷卡消费，建设银行也开始在网上建立支付领域，迎合客户的需求。马云帮助建行开启了网上支付的新时代，而其他的大小银行也纷纷接到了马云抛出的橄榄枝。2006年9月份，在阿里巴巴公司举办的"中国网商大会"上，马云依旧满面笑容，高谈阔论，而这次站在他身边的，都是国内各大银行的老总。

马云在"中国网商大会"上侃侃而谈，他一直坚信互联网将改变世界，互联网将改变中国，电子商务将改变互联网。马云对互联网靠短信或者电子游戏改变整个人类的生活这件事嗤之以鼻。几年之前，马云就半开玩笑地说："我不会投资网络游戏，我们中国本来就是一个孩子的家庭，我们的孩子全部都在玩游戏，中国也就不太会有希望了，我不希望孩子玩游戏，也不希望从孩子身上赚钱。"对于马云来说，全世界最好的游戏就是电子商务，因为电子商务可以持续不断地玩，而且还可以用来赚钱。

就在"中国网商大会"的前几天，马云跟一个他十分尊敬的企业家一起聊天。他们探讨了一个问题，那就是"士、农、工、商"，为什么"商"一直排在最后。马云给出的答案是，如果商人们以利为先，那就永远不会被排在前面，如果要排在前面，那么商人一定要以道义为先。

在1980年代以前，中国其他地方的商人都看不起浙江的商人，他们觉得浙商不可能会赢，但是如今大家都知道，浙商已经成为国内最大的商帮之一。出于这个原因，马云对自己的网络商务很有信心。他说，如果我们网商群体诚信努力，自强不息，十年之后中国网商群体将成为中国创业和中国财富的榜样。

在"中国网商大会"上，马云还对网商行业的同僚提了一些建议，他认为，当前必须要做的是靠知识、靠努力、靠勤奋、靠创新，做别人不敢做的事情，做别人做不好的事情，不断努力才有机会，网商群体也必须是一个承担社会责任的群体。

虽然在电子商务发展的初期，网络环境确实还达不到大家心中的要求，但是马云说过，如今这些成功的网商都是诚信、自律、自强不息的网商。他在成都的时候跟一个网商朋友交流过，他的朋友对他说："马云，你能不能帮我们这些网商呼吁一下，我们想交税，但是不知道去哪里交税。我们想开店，但是拿不到营业执照。我们是弱势群体。"其实，中国的网商群体是商人中最勤奋、最努力的，他们没有凭关系来做生意，凭的只是自己的知识和智慧，他们用知识和智慧开创了一片天地。

马云自己就是一个网商。他从1995年到现在一直没有放弃自己的理想，当初一心创业的马云没有什么关系，没有什么背景，就是靠诚信、勤奋和努力去拼搏创造，而且他坚信自己会影响未来的中国。"合作共赢"是一条符合长远发展的道路，所以马云一定要走共赢的道路，他帮助一些小银行开通了网络支付的功能，有些一开始不信任马云的银行，后来也都因为大势所趋而偷偷地恢复了与马云的合作。

2008年10月，支付宝还联合工商银行等多家银行开通了小额贷款和信用贷款等业务。支付宝和银行的强强联合，让我国的电子支付和移动支付走上了新时代的大道，方便了人们的生活，同时也使马云的支付宝取得了更大的成功。马云曾说，创建阿里巴巴是他最大的失败，因为阿里巴巴夺走了他太多的时间，让他每一天都是无比忙碌的。但是创立支付宝是他最大的成功，因为支付宝改变了国人的生活。而支付宝与银行的合作，就是支付宝成功之路上最明智的一个策略。

第 五 章

雅巴联姻梦，输赢荣辱间

一、我追杨致远追了六年

熟悉中国互联网发展史的人都知道，马云在互联网行业中绝对算是领军人物了，但是有一个人让马云"追"了整整六年，他是谁呢？他就是杨致远。杨致远何许人也？竟有如此大的魅力，超逸绝尘到让马云连做梦都想"追"上他？原来杨致远就是雅虎的创始人，他也是帮助马云创建雅虎中国梦的重要人物。

杨致远的英文名叫Jerry Yang，出生于1968年11月6日，是一名华裔美国人，祖籍在台湾地区的台北市，是互联网公司雅虎公司的创始人。因为雅虎在全球范围的迅速崛起，杨致远也被称作"世纪网络第一人"，可以说，是杨致远开启了人类的网络时代。

1990年，杨致远以优异的成绩进入斯坦福大学学习。众所周知，斯坦福大学最出名的就是电机系，该校的电机系是硅谷神州的组成部分之一。杨致远在大学期间就选修了电机工程，并且只花了四年，就获得了学士学位和硕士学位，并且在就读期间结识了戴维·费罗，而戴维·费罗也在1994年跟杨致远一起创建了雅虎公司。

然而，雅虎公司的创建并不是那么容易的。1994年4月，在斯坦福大学准备毕业的杨致远和戴维为了顺利完成毕业论文，成天泡在网上和图书馆里寻找资料。在这个过程中，他们除了完成论文所需要的资料外，也搜集到了很多自己感兴趣的信息资讯，并把发布这些信息的站点加入到书签，比如当时正时兴的科研项目和网球比赛等。

然而，随着这些信息和咨询越来越多，被加入到书签里的站点也越来越多，杨致远和戴维也越来越感觉到，这些已收集的资料查找起来非常不方便。于是，他们就把这些书签进行了归纳，并且按类别进行整理。当每一个大目录都容不下新内容时，就再划分成子目录，并且，他们还把这些编制成软件，放到网络上让其他上网的人共享。直到现在，这种核心的划分方式仍然是雅虎的传统。

在软件发布后不久，他们的网站迎来了许多浏览用户，这个软件也受到了极大的关注和欢迎。在使用软件后，来上网的人还纷纷向这个软件的发布者反馈信息，并且附上建设性意见，使这个软件的内容日趋完善。当杨致远回忆起当初的场景，也不由得感叹："要不是有这么多外来的回应，我们就不会继续下去，更不会有今天的雅虎。"到1994年年底，杨致远和戴维忙得连饭都顾不上吃，甚至连睡觉都成了一种奢侈，两个人把斯坦福的学业也扔在了一边，一心一意地开发这个软件。当时这个软件的名字是《杰瑞全球咨询网指南》（*Jerry's Guide to the World Wide Web*）。

随着《杰瑞全球咨询网指南》越来越受到广大网上用户的关注与欢迎，甚至许多网友都进入到斯坦福大学电机系的工作站，就为了使用这套软件。这让校方倍感困扰，不停地抱怨这项发明影响了学校电脑的正常运作。然而杨致远与戴维非但没有乖乖放弃，反而更加积极努力地开发起这套软件来，并推出特色栏目："Cool Links"和"Hard to Believe"，并将网站改名为：《杰瑞和戴维的全球资讯网指南》（*Jerry and David's Guide to the World Wide Web*）。

由于当时条件的限制，网站数据存放于杨致远的电脑内，杨致远给它取了个名字叫"曙（akebono）"；而搜索引擎则存放在费罗的计算机中，名字叫"小锦（konishiki）"，这两个名字是他们最喜欢的日本摔跤运动员的名字。

虽然把杨致远说成是"世纪网络第一人"，但在当时，他们的网站在网上还是有许多竞争者的，比如WebCrawler和Lycos等，这些网站都是靠软件自动搜索起家的，但是这些网站的内容虽范围广泛，但是咨询不准确，归类也不明确。而杨致远和戴维的网站则纯粹是手工艺品，不但搜索准确，而且更加实用。到1994年年底，杨致远和戴维开创的网站就已成为搜索引擎的领跑者。

1995年的一个晚上，杨致远和戴维想为他们的网站取一个有意义的名字，于是他们不停地翻着韦氏词典。当然，他们取名字也不是盲目瞎找的，因为杨致远姓杨（Yang），所以就把其中的"Ya"作为网站名字的首字母，他们曾想过无数个首字母是"Ya"的单词，比如Yauld（活跃的、敏捷的）、Yammer（大叫）、Yardage（尺码）、Yang（杨）、Yapok（负鼠的一种）、Yardbird（新兵）等一系列具有意义的名字，但是每一个名字似乎都欠缺了点什么。

突然间，他们想出了"Yahoo"这种字母组合，然后迅速翻开韦氏英语词典，看看有没有这个单词，结果发现真的有"Yahoo"这个单词。此词出自著名小说家斯威夫特的《格列佛游记》，指的是一种低级的动物，不但长得酷似人类，还具有人类的种种恶习。虽然这个词的本义不太适合，但仔细一琢磨，互联网不就是这样一个标新立异的事物吗？不如"反其义而用之"，说不定大家都能够接受呢？何况在强调人人权利都平等的互联网上，大家都是平民，谁都不比谁更高等。然而，还是出于给这个词增加一些褒义色彩的打算，杨致远后面加上了一个感叹号，于是就有了我们现在所知道的"Yahoo！（雅虎）"。

杨致远和戴维将Yahoo！网址告诉了同学们，同学们又告诉了各自的朋友，结果一传十、十传百，大家都跑到斯坦福大学电机系工作站访问Yahoo！。网站的人也越来越多，雅虎也渐渐名声大噪起来。作为一个类似电话号码簿般清晰明了的搜索引擎，雅虎将全球网址分成财经、娱乐、新闻、体育、科学、教育等14个门类，然后下面再细分。这使上网的人打开网页后，由一进来的茫然不知所措变成了清晰明了按部就班的查找，这无疑是上网者的福音。

事后，杨致远说，他在斯坦福大学待了近九年，只要再坚持一年，他就可以把博士念完。即便对于现在的人来说，能读完博士也是一件非常了不起的事，是所有人都羡慕的事情，在当时更是难得。但在当时，杨致远把90%的精力都放在网站的开发上了，只有不到10%的精力去读书。

他觉得，人生在世，不应该强迫自己非得活在一个固定的轨道上，于是他放弃了斯坦福的博士学位而选择了创业。因为一直没有拿到博士学位，所以杨致远总觉得自己还是个学生。因为"Yahoo"这个词在英文也有"没有知识水准"的意思，所以杨致远一直把自己叫作"Yahoo酋长"，也就是最没文化的人。这当然是他的自谦，但是我们还是不难看出杨致远的个人魅力，也难怪马云一直"追"他六年。

追溯起马云和杨致远的缘分，最早应该是马云给杨致远发电子邮件的时候。在阿里巴巴的创业初期，马云给杨致远发了一封电子邮件，问他："你觉得阿里巴巴怎么样，也许有一天阿里巴巴和雅虎这两个名字配在一起会很好。"然而，面对马云动情的"表白"，雅虎的创始人杨致远却没有回复。直到2005年4月，杨致远才给马云回了这封邮件说："阿里巴巴和淘宝做得很好，有机会想跟你谈谈互联网的走势。"马云感叹着说："这么多年了，终于有了你的一封信。"

事实上，两个人的正式结识，是马云第一次给杨致远写电子邮件的前一年。当年在北京，雅虎想要进入中国大陆市场，恰逢马云就在北京，杨致远认定了马云是一个不可多得的人才，就想邀请马云做雅虎在中国的首席运营官，但被马云婉言谢绝了。因为当时马云已经决定绝不做任何人的打工仔，而是要自己创业，于是第二年，马云就带着那些追随他的年轻人一起回了杭州老家，并且在湖畔花园创立了阿里巴巴。也就是这一年，雅虎正式进入中国内地市场。

虽然那时候是马云先给杨致远发了一封"追求书"，但直到今天，杨致远依然说，当初是他主动向马云发出的邀请，而且雅虎和阿里巴巴从谈判到签署协议，只用了三个月。

二、惺惺相惜的"马羊"

　　杨致远有一句名言："在企业的发展过程中，你只能做当时最好的选择。"在雅虎入驻中国内地市场后，中国市场一直迟迟未能打开，杨致远迫切地需要一个人来帮助他打破这个局面。本来，杨致远选择了新浪，但在当时发生了盛大集团用2.3亿元恶意收购新浪的事件，加上杨致远与周鸿祎的恩怨，如此一来二去的，他就想到了马云。提到杨致远和马云的"情缘"，就有一个不得不说的人，那就是孙正义。

　　当初，孙正义作为软银集团的一把手，几年内投资了无数公司，也包括很多互联网行业的公司。其中，孙正义有两个投资是特别正确的，不但使自己在风险投资界扬名立万，而且本人也赚了个盆满钵盈。第一个正确的投资就是雅虎。

　　当时，孙正义决定投资的时候，杨致远的雅虎公司并不缺钱，反而还一直是赚钱的，资金运转和流动性也都很好，并且有国外的创业投资基金给它投钱，雅虎也已经快要上市了。

　　孙正义并没有强制性地要求杨致远接受自己的投资，而是问他："你的竞争对手是谁？"杨致远回答说是网景。网景通信公司是美国的一家计算机服务公司，以其生产的同名网页浏览器Netscape Navigator而闻名。由于当时是网景公司先上的市，而且做得很好，所以孙正义就问杨致远确定不要自己的投资？杨致远还是坚持说："我不缺钱。"于是孙正义说："那好，我有一亿美元，我一定要投一个互联网企业，你不让我投，那我就去投你的竞争对手。"杨致远一听赶紧说："那你还是投我吧。"

一亿美元在当时真是很多钱，如果给了别人，尤其是他的竞争对手网景公司，那对杨致远的威胁就很大了。但是因为给了雅虎的这笔投资，让孙正义着实地赚了一笔。

孙正义第二个正确的决定就是投资了马云的阿里巴巴。孙正义在两年内给阿里巴巴投资了一亿多美元，孙正义是阿里巴巴集团的第三大股东（雅虎第一，马云加上团队第二，孙正义第三），孙正义是个很有性格的人，只要他看中了一家公司，就会不断地给这个公司投资，而且不让别人投。

当初对UT斯达康也是这样的投资，孙正义说："你只要缺钱，我们就来投，但是你只能接受软银一家的投资。"直到公司创始人吴鹰在UT斯达康上市前五六个月才说服孙正义，因为他们不能只有软银集团一个投资人，还需要一些战略投资人和合伙人。孙正义这才同意让英特尔和松下等投资商加入进来，投资刚过6个月，英特尔就大赚了十倍。

孙正义对马云的阿里巴巴也是这样，不断地想往里投钱。他在两年的时间内，先投了2000万美元给马云发展阿里巴巴，接着又投了8200万美元给马云做免费的淘宝，接下来更是3亿美元、5亿美元、10亿美元不断地追加投资。2005年，因为投资已经有一段时间了，UT斯达康公司创始人兼数字中国的主席吴鹰就组织了一次会议，并且在美国做了一个数字中国的论坛，请了一些美国IT行业的精英和老总，杨致远也参加了。

因为吴鹰比较喜欢热闹，他组织这个会，希望多一些人来参加，马云生性喜好热闹，于是吴鹰让马云一定要来参加。马云接了电话后立马表示一定去，但后来又有事情，在时间上跟大会冲突，来不了了，反反复复了一两次以后，吴鹰给马云打电话说："你一定要来，哪怕你停留两天就走，大家交流交流挺好的。"然后马云就来了。

当时，杨致远跟马云仅仅是相识，却并不相熟，但他俩都是孙正义最正确投资公司的老总，于是孙正义就介绍他俩彼此认识了。大家彼此见面简单地聊了一会儿，就开始打球。由于马云等人对打球这件事并不感兴趣，于是会议组的人就组织不打球的人沿路参观一下，这条路全程17英里，而且风景很是别致。参观结束后可以去高尔夫练习场，请一个很著名的美国教练教大家打打高尔夫球。

马云的性格就是总想搞出一些新鲜事来玩，于是他就想到了赌高尔夫球，一杆定输赢。由于前一天晚上吴鹰他们就定好了，要去这个高尔夫球场进行比赛，参会的人都可以来下注，100美金一杆，谁打得远，就算谁赢。当时参会的人有一大半人的赌注都下在了吴鹰的身上，只有很少一部分人把赌注下在马云身上，其中就包括雅虎的创始人杨致远。

到了比赛场地，教练让扔硬币决定顺序，吴鹰选对了硬币方向，于是吴鹰决定先打，可是让人大跌眼镜的是，吴鹰的这一杆竟然打空了，而马云则打了70码，他高兴坏了，不但赢了吴鹰的100美元，还帮着下注在他身上的人赢了点儿钱。

杨致远在马云给他分钱的这会儿功夫就"缠"上了马云，那时候加州的风很强，瘦小的马云赶紧裹紧了大衣，杨致远追上在寒风中瑟瑟发抖的马云说："我们把交易定了吧？"其实马云当时还是有些犹豫的，虽然做雅虎中国是马云一直以来未能实现的梦想，但现在他不但有阿里巴巴和数家子公司，而且因为公司越做越大也有些分身乏术。然而，杨致远的一句话打动了马云："咱们都是中国人，一块儿做点儿事情。"

这一句话说到了马云的心坎里，阿里巴巴公司的宣传访问绝大部分来自搜索引擎，而阿里巴巴目前最欠缺的就是这一点，他们没有一个属于自己的搜索引擎，所以马云迫切想要进入这个行业，分一杯羹，同时雅虎中国又是马云的梦想，所以马云没有再犹豫，爽快地跟雅虎达成了共识。

2005年8月11日，雅虎正式宣布向阿里巴巴投资10亿美元，并且把雅虎中国全部的资产都送给阿里巴巴，以此来交换阿里巴巴40%的股权，双方在北京中国大饭店举行了隆重的庆祝仪式。大家在惊讶之余，都在调侃杨致远的雅虎和马云阿里巴巴的合作是一场"雅巴联姻"，因为雅虎不但把雅虎中国作为嫁妆送给了马云，还将雅虎的搜索技术、通信技术及广告业务全部赠予了阿里巴巴。不仅如此，杨致远和马云还计划将之前雅虎公司和新浪盒子的"一拍"业务的股份也并购到阿里巴巴。

虽然雅虎和阿里巴巴的合作让大家震惊，但是更让大家难以理解的是为什么雅虎要用这样的一种方式来合作。表面看来就像一场收购一样，但是大家都分析不出来，这场盛大的"雅巴联姻"究竟是谁收购了谁。美国最权威的商业杂志《福布斯》发布，今日，雅虎收购了一家中国本土的互联网企业40%的股份，价值十亿美元；而中国国内的媒体却说，马云不但收购了雅虎中国，还得到了十亿美元的陪嫁。对于两派媒体的不同说法，杨致远巧妙地回答了众人："这不过是雅虎公司的一次战略性合作，合作方式比较独特而已。"

然而面对杨致远的谦虚，马云却再一次表现了他"狂人"的一面，他在心里认为阿里巴巴是占了大便宜的，不但得了十亿美元，解决了自己现金流的问题，还得到了梦寐以求的雅虎中国，并且雅虎中国的搜索引擎也将填补马云在搜索引擎行业空白的缺陷。于是马云对着媒体夸张地说："杨致远是阿里巴巴的董事，而我是董事长，所以我是杨致远的老板。"然而，马云并没有开心得太久，毕竟，再"天作之合"的一对儿，也有难以度过的七年之痒。

三、走向破灭的"雅巴联姻"

2010年9月，阿里巴巴有关人士在一个公开场合发表言论："阿里巴巴已经不再需要雅虎，雅虎是一个面临破产的公司……"这段话立马引起了轩然大波，大家纷纷猜测到底是什么让阿里巴巴爆出这么犀利的言辞。还记得，当初马云满面春风地表示，阿里巴巴和雅虎完全是自由恋爱。当初的阿里巴巴与雅虎，一个是中国电子商务龙头，一个是全球第一门户，二者的联合，几乎囊括了迄今为止全球性互联网业内所有的盈利类商业模式，也是当初最为人称羡的一件盛事。

其实，"雅巴联姻"走向破灭的根本原因，还是因为各自打着自己的"小算盘"，虽然走到了一起，但都想依靠对方的优势来健全自己、壮大自己。这其实对于商人并不算错，而错就错在，阿里巴巴和雅虎双方都太想将对方的优势转换成自己的，甚至收购对方，于是摩擦越来越大，结果反而适得其反。

阿里巴巴一个员工曾经形容道："雅虎和阿里巴巴与其说是夫妻关系，不如说是爷孙关系，雅虎是互联网尤其是搜索引擎的老大哥了，但正因为他太老，就像爷爷一样。但是阿里巴巴是生力军，不能因为爷爷走不下去了，就要把孙子拖垮。"这番话是很犀利但又很无奈的，雅虎跟阿里巴巴之间的矛盾因为观念问题产生了太多摩擦。

　　"雅巴联姻"之初，马云迫切地需要搜索引擎，雅虎不但送给了他雅虎中国，还给了十亿美元的嫁妆，这让马云有些飘飘然，甚至还半开玩笑地表示，自己是董事长，杨致远是阿里巴巴的董事，所以自己是杨致远的老板。可是现在，雅虎显然是阿里巴巴四个股东里掌握股份最多的，可是雅虎的核心技术并没有什么用处，几乎是个空壳，这就相当于杨致远仅仅用十亿美元就买到了阿里巴巴40%的股份，这一点让马云大为光火。当初同样吃了雅虎亏的还有一个人叫周鸿祎，也就是现在奇虎360的董事长。

　　其实在最初，杨致远来到中国大陆后并没有直接选择马云，而是选择了跟周鸿祎合作。周鸿祎在2004年出任雅虎中国的总裁，当时的雅虎公司，在除了美国之外的全球市场里，只有在日本和杨致远的老家中国台湾做得很成功。在与日本和中国台湾同为亚洲东部、仅一水之隔的中国大陆，甚至是韩国，雅虎公司却发展得惨不忍睹。

　　当时，由于杨致远在台湾发展的模式很成功，2004年他就想收购一家中国大陆的互联网公司，彻底扎根中国大陆互联网市场，并且提高雅虎中国的业绩。而在中国大陆地区，杨致远有两个备选者，一个是百度，另一个就是3721。百度方面给雅虎中国的开价是1.5亿美元，而3721开价为1.2亿美元，杨致远果断地选择了后者。这也使得3721的掌门人周鸿祎坐上了雅虎中国总裁的位置。

　　实事求是，周鸿祎在雅虎中国做得十分出色。在上任的第一年里，他就为雅虎中国创造了4000万美元的收入，利润也高达1000万美元。并且雅虎的搜索引擎还超过了谷歌，排到了中国搜索引擎中的第二位，"一搜搜索"的发展势头让人惊喜。雅虎的邮箱用户也超过了网易排到了第二位，即时通信雅虎通日活用户超过了1000万。这确实是一个让人惊讶的改变，因为雅虎中国在当时连个三流的搜索引擎都算不上，看到了周鸿祎所做的成绩和努力，也就能明白为什么他现在对搜索引擎这么执着了。

　　本来雅虎中国在周鸿祎的领导下，形势已经一片大好，可是雅虎总部却对中国区提出了很多不切实际的业绩要求，而且没有给周鸿祎投一分钱，这是典型的"又要马儿跑，又要马儿不吃草"。当时周鸿祎带领的雅虎中国是雅虎公司在中国区历史上情况最好的一段时期，却因为雅虎总部对中国区长远战略定位出现失误，没有抓住机会乘胜追击，而且还把周鸿祎的功劳一笔勾销，认为这个业绩是雅虎中国本来就应该达到的，周鸿祎必须做得更好，使中国区的业绩达到一个根本不切实际的数字总部方面才能满意。结果就是稀里糊涂地把雅虎中国当筹码送给了马云，令人摇首叹息，也让周鸿祎愤恨地离开了雅虎中国。

　　其实，周鸿祎最终的离去，还是因为与杨致远在雅虎中国的发展方向上出现了巨大的分歧。周鸿祎当时一心沉醉于搜索，而当时"一搜搜索"发展得也很好，可无奈雅虎就是不投钱，如果当时雅虎总部肯支持周鸿祎，投个几百万美元，或许今天就没百度什么事情了。但是雅虎总部并没有选择继续相信周鸿祎，而是选择了"傍"上阿里巴巴，就在雅虎和阿里巴巴联姻后的20天，周鸿祎离开了，而周鸿祎在离开之前就已为下一次创业开始布局，那就是创建"奇虎360"。

　　因为对雅虎公司极大的愤恨和不满，以至于后来周鸿祎做了360安全卫士，杀死了自己养出来的"亲生儿子"——雅虎助手。周鸿祎离开对雅虎中国的最大影响，就是失去了中国互联网黄金时代中最珍贵的两年。2005年时的雅虎中国，原本有无限可能。

　　杨致远在放弃周鸿祎之后，打算把雅虎中国交给新浪，可是因为当时新浪遭遇到盛大的"恶意收购"，于是才几经辗转找到了对门户网站一窍不通的马云。恰逢当时马云的阿里巴巴也需要引进更多战略投资，占领搜索引擎市场，于是双方一拍即合，杨致远用10亿美元外加雅虎中国，收购了阿里巴巴40%的股份，7年后这笔投资已价值160亿美元。马云深知中国国情，为了让阿里巴巴的影响力更大，当时这起合作案到了马云嘴里，就变成阿里巴巴收购雅虎了。

也不知道当初是两人没有谈得明白透彻，还是马云的优秀口才把杨致远给拐跑了。一段时间后，杨致远突然发现，走了一个醉心搜索引擎的周鸿祎，又来了一个把搜索引擎当新大陆开发的马云。当初周鸿祎再性格桀骜，好歹也不敢动雅虎网站的门户，而马云则是连门户都不想弄，只想搞搜索引擎。马云当时放出的豪言壮语是："雅虎三年上市，在中国，搜索就是雅虎，雅虎就是搜索。"这句话让杨致远都有些不知所措了。

四、"雅巴"难度七年之痒

现在想想马云为什么在那个时候如此醉心于搜索引擎？大概是因为阿里巴巴在那个时候太缺一个自己的搜索引擎来做宣传，尤其是经历了淘宝网和eBay的宣传大战，让马云更加意识到搜索引擎对阿里巴巴的重要性。百度网在2001年推出了"竞价排名"，几年之后就被证明了这是一个成功的商业模式，而这个商业模式与阿里巴巴当时"卖排序"的商业逻辑极为相似。

现在，淘宝网的站内搜索广告业务，与百度推出的"竞价排名"一脉相承。马云看到了潜藏在搜索引擎里面的商机，所以才急于在搜索领域投入全力。但马云不知道的是，杨致远公开表示自己流着紫色的血（雅虎的LOGO是紫色的），对雅虎深沉的情感又怎么允许马云这么大刀阔斧地改革雅虎中国呢？

反观马云，在接手了雅虎中国后，先是废除了发展很好的"一搜搜索"，紧接着又砍掉了正在盈利的无线和品牌业务，使得这批从事这几项业务的员工都跳槽去找周鸿祎了。更激进且让人哭笑不得的是，雅虎的传统门户网站首页被换成了一条搜索框，这就基本是在动杨致远的命根子了。把雅虎中国送给马云，但是这么大刀阔斧地"动根儿"还是要跟雅虎总部商量一下的。马云却一点儿没把雅虎总部的态度放在心上，还觉得自已做得非常不错。

几个月后，马云喜滋滋去美国雅虎总部报喜，却被杨致远当头浇了一盆冷水，杨致远要求马云改回门户页面，马云虽然不情愿，但只好暂时改回来了。然而，才过了不到四个月，马云又把门户页面改回去了。一年之后，马云又进行了又一次的改版。门户网页和其他互联网行业有所区别，如此频繁地改版让许多同行都偷偷看起了好戏。而这些翻来覆去改版的原因，只能看出来马云对雅虎中国的发展方向还摸不准，不断试，不断错。

关闭了雅虎的邮箱只是开始。2008年，雅虎中国和口碑网进行合并，也宣告雅虎中国彻底退出了门户网站竞争者的行列。这以后的雅虎中国已不能算是一个门户网站了，只能算是一个电商导购的界面。雅虎中国的首页里，淘宝的广告被打得满屏都是，搜索关键词也变成了各种化妆品、高跟鞋、皮包、男装、女装等淘宝网购商品。雅虎中国的技术人员已经裁撤到最小化，至于雅虎中国的员工，能力好一点的就转行到淘宝公司或者去阿里巴巴做B2B业务，不愿意跟着马云干的就纷纷跳槽了。

马云兴致勃勃去美国雅虎总部会见雅虎的CEO巴茨，结果巴茨当着总部众多高管的面，指责马云完全没有做好雅虎中国这一块，并要求马云把"Yahoo！"这个名字从中国的网站上彻底去掉，因为让雅虎的名字留在中国网站上会降低她的声誉，她丢不起这个人。没人知道马云被这个女人当众斥责一番后，心里到底是什么滋味，我们只能想到他心里肯定是很难受的。因为从那以后，雅虎和阿里巴巴的关系就越来越差。

巴茨还特意选在马云生日当天（即网商大会第二天），当众出售1%的阿里巴巴股份，并且事前跟马云没做任何沟通。当谷歌要退出中国的时候，巴茨还力挺谷歌。所有这些，真正刺痛了马云的自尊心，本来他就是一个自尊心和民族荣誉感很强的人，加上当初杨致远几乎算是"哄骗"了阿里巴巴40%的股份。于是马云毅然决然地宣布，与雅虎公司分手。

可能有人会有疑问，阿里巴巴公司内部人才济济，难道没有哪个懂门户网站的高手能劝阻马云，并且把雅虎中国给做好吗？答案是没有，且不说阿里巴巴的运作模式跟搜索引擎完全不一样，更有阿里巴巴内部员工无意识的排外感情。首先马云作为一个领导者，他的行为和思想是比较开放的，马云算是白手起家，所以很多事情都是他亲力亲为地做。如今的阿里巴巴也有一大批人，是因为务实才被提拔上来的，虽然马云事必躬亲，可是毕竟他自己也不是一个懂行的人，而且领导了这么多年的B2B、C2C网络市场，对搜索引擎方面简直一窍不通。

对于阿里巴巴的员工来说，马云就是他们的精神领袖，他亲自去做的事竟然被美国方面批评得一无是处，让阿里的员工也对雅虎中国产生了抵触情绪。毕竟雅虎中国不是阿里巴巴一手带出来的，既然雅虎中国不是"亲儿子"，在阿里巴巴内部自然就不会有人掏心掏肺地对它。毕竟对于阿里巴巴的员工来说，雅虎中国只是辅助阿里巴巴更成功的一件工具，自己的老总给雅虎中国做一些改变也是无可厚非的事情。

还有一点也尤为重要，那就是在马云接手之前，雅虎中国就一直在走下坡路。它在中国的市场上一直没有发展起来，而且在周鸿祎带领的短暂时间里取得的傲人成就还被美国雅虎总部"看扁"，所以雅虎在中国确实是再难发展。

于是阿里巴巴豪掷了76亿美元收回了雅虎手中持有的阿里巴巴21%股份，让雅虎彻底脱离了大股东的身份，雅虎中国未来的命运就更加明显了。可是当初，阿里巴巴与雅虎签订协议的时候，是让阿里巴巴运营雅虎中国直至2016年，这也是当初阿里巴巴向雅虎一次性支付5亿多元技术费用的其中一个附加条件。

但随着阿里巴巴和雅虎公司的不断交恶，这一协议也面临着随时被更改的可能。因为阿里巴巴很有可能在IPO估值方面，无法履行与雅虎公司的约定，并且，美国的雅虎总部也随时有可能要回雅虎中国的运营权。如果那样的话，雅虎中国的上千万用户将面临一个比较难堪的境地。

于是，阿里巴巴合并了雅虎搜索的数据，还有雅虎邮箱和雅虎中国其他有价值的资产，在2月份低调上线了一个阿里云搜索，所有有价值的资产，都从雅虎中国转移到了阿里巴巴旗下的子公司里去了。最后，雅虎只收走了一个雅虎中国的空架子。但是，美国雅虎总部原本的目的也就是想收回雅虎的品牌，因为在如今门户网站形势不佳的时代大背景下，雅虎中国已经不可能再去花精力搞一个门户网站，连美国的雅虎总部都在进行战略调整。未来雅虎公司很可能也是要在移动应用领域进行转型。

其实在最初送给马云的时候，雅虎公司就没剩下什么有价值的东西了，却占有了阿里巴巴相当大一部分股份，以至于马云很有可能失去对自己公司的控股权。加上双方矛盾的日渐激化，雅虎已经成为套在马云头上的一道紧箍咒，注定难度"七年之痒"。

第 六 章

B2B 香港上市，首次进军海外市场

一、进军香港，不为盈利为规模

　　2007年11月6日，对于马云和阿里巴巴的全体员工来说，是一个预示着全新发展的纪念日，因为在这一天，阿里巴巴的B2B业务，要在香港主板成功上市了。

　　早在前一年，马云就开始规划着阿里巴巴的上市之路。于是，经过阿里巴巴高层的反复推敲和商议，他们决定把阿里巴巴旗下所有的业务进行分类整合，总共划分出来了五个独立的子公司，这五个独立的公司分别是阿里巴巴公司、阿里软件公司、淘宝网公司、支付宝公司和雅虎中国。使得阿里公司产生上市想法的原因是这一年内阿里巴巴B2B年收入将近20亿元。这是一个让同行业望尘莫及的数字，就算其他的B2B公司的年收入加起来都比不上阿里巴巴，因为阿里巴巴在中国B2B市场已经占到了68%的份额。

　　2007年7月28日，是阿里巴巴集团的年会。在这里，马云第一次无比自豪地向员工提出了他的计划，阿里巴巴要在香港上市了，准确地说，就是阿里巴巴即将启动在香港联合交易所的上市程序。马云就是这么自信，他早在八年前就预料到了自己的公司会有这样辉煌的一天。当初，马云带着他的"十八罗汉"在湖畔花园进行创业，从当初的一无所有到现在的年入20亿元，从当初的"跪着过冬"到如今的"飞奔上市"，这一切都仿佛一场梦一般。在香港上市的当天，就以开盘30港元，收盘39.5港元的傲人成绩完成了这场"上市秀"，那天阿里巴巴的上涨率直逼192.5%。

然而，这一切却并不像做梦那么容易，且不说阿里巴巴这一路走得多艰辛，单说香港上市这件事，就是马云深思熟虑后才做出的决定。因为在当时，马云曾经犹豫了很久，到底是在美国上市还是在香港上市，因为无论在哪里上市，对阿里巴巴都是一个不错的选择。于是马云邀请了高盛和摩根士丹利这两个主承销商，并且在寻求财务顾问的时候，找到了英国投行的洛希尔公司。对于上市地点的选择方面，几经研讨后，大家将目标锁定在了美国的纳斯达克和香港的港交所。最后，马云一锤定音，阿里巴巴就在香港上市。其实，马云选择在香港上市，有着很多现实的因素，其中有一项最主要的，就是避免美国的"塞班斯法案"。

塞班斯法案，英文名叫Sarbanes-Oxley Act，简称SOX法案，这是一项在美国"安然"和"世通"等一系列著名的经济丑闻爆发后才颁布的法案。由于美国社会环境和中国不同，美国人习惯将自己收入的绝大部分用于购买公司的股票，并以此作为自己将来的养老金。不过，一旦一些公司破产后，不但会造成大量职工下岗还会导致购买该公司股票的美国民众和原职工蒙受巨大的经济损失，进而造成民众对美国经济的不信任。于是，美国对每一家在证券交易所上市的公司都强制要求实行该法案。而实施这项法案对上市公司来讲，成本无疑是非常巨大的。并且，塞班斯法案对于公司内部的控制及信息披露的惩罚都是非常重的。甚至有很多公司的高管，因为塞班斯法案的实施而被迫辞掉自己在公司的工作，有一些情节稍严重的甚至会去坐牢，但也有很多"不见光"的内部交易因此被撤销，获得的不当利益也都被强迫吐了出来。

马云心里很明白，这几年正是中国经济大力发展的黄金时期。自从改革开放后，无数企业如同雨后春笋般地冒了出来，而中国企业对海外资本市场更是趋之若鹜。据IDC的不完全统计，2004年，中国在海外IPO的企业就有84家，募集的资金总额也超过了910亿元人民币，比上一年增加了60多个百分点。当时，中国企业在海外上市的地点，主要就是香港、伦敦、新加坡等，而这些地区都有当地各不相同的监管规则，中国企业常常因为不熟悉或不遵从当地的规定，而缴纳了巨额的罚金。继2001年6月29日中华网被告上美国法庭之后，网易、中国人寿、UT斯达康、中航油、新浪、前程无忧等在海外上市的中国企业，都相继因为虚假信息、隐瞒事实、信息披露不当或不及时、信息反馈不完整等原因，遭遇到各种诉讼。

就在这些公司纷纷为了应对当地监管规则焦头烂额之际，那些在美国上市的公司却迎来了更大的挑战：美国为了加强对上市公司财务的治理，决定从2004年开始，证券市场将会实施十年来最严厉的法案，就是塞班斯法案。该法案规定：上市企业的CEO和财务总监必须向美国证券交易委员会保证，呈交给他们的财务报告一定是"完全符合证券交易法，在所有重大方面公允地反映财务状况和经营成果"的。而且，这项法案还规定，上市公司除了完美明确的财务报告外，还必须包括一份该企业的内控报告，并且这份内控报告必须要"明确规定公司管理层对建立和维护财务报告的内部控制体系及相应控制流程负有完全责任"，不仅如此，这份财务报告中还必须附带该公司的内控体系和相应流程有效性的年度评估。

也就是说，塞班斯法案不但会对违规企业的高管层做出轻则罚款、重则牢狱的惩罚规定，而且该法案的出台还意味着在美国上市的公司不仅要保证其财务报表数据的准确，还要保证内控系统能通过相关审计。可以说，塞班斯法案让在美国上市的企业苦不堪言，甚至美国本土的企业都难逃厄运，更何况是那些外来的企业呢？

本来塞班斯法案从2004年开始实施，但由于连美国本土的上市公司都达不到塞班斯法案的要求，因此，美国证券交易委员会决定，将该法案的执行期延长到2005年，而那些只在美国上市，在美国没有业务的企业执行法案的时间则被顺延到了2006年。尽管塞班斯法案的实施时间被延迟，但这套法案已经成为在美国上市就躲不过的坎儿。于是，所有想在美国上市的中国企业，都不约而同地展开了不同程度地提高内控水平、应对塞班斯法案的准备工作。但是对于马云来说，他还远远没有准备好，虽然阿里巴巴在成立之初，就由蔡崇信一手做好了万全的准备，而且阿里巴巴也是一直按照正轨一步一步向前走的，然而眼下来说，阿里巴巴公司在香港上市确实要比在美国上市更加合适一些。

　　就这样，马云顺利地跻身香港资本市场，并且在第一天就为阿里巴巴造足了声势。不过，马云所要做的并不单单是盈利，而是要彻底把阿里巴巴做大，把阿里巴巴的名声宣扬出去。阿里巴巴曾经因为资金问题，加上互联网的泡沫期，不得不大范围地裁员撤站，所以在阿里巴巴盈利之后，马云首先要扩大的就是规模。2007年10月，马云招来了两千多名新员工，并且将这批员工派往了北京等地，马云坚信，阿里巴巴的前景会越来越好，明天将会越来越光明。

二、上市当天问鼎香港"新股之王"

2007年11月6日，阿里巴巴在香港上市了。上市当天，阿里巴巴的开盘价就达到30港币，相比13.5港币发行价，他们足足翻了一倍还多。

当天，阿里巴巴融资了15亿美元，成为让人心服口服的"新股之王"。一日之间，就让阿里巴巴涌现了近千名百万富翁和千万富翁，而这也更是让持有阿里巴巴40%股份的雅虎公司直接获利了36亿美元，可见杨致远当时的决策有多么明智。

那两天，香港新闻及各个电视台的财经频道都在反复播放有关马云的奋斗历程，电视中的马云滔滔不绝、侃侃而谈，讲述他是如何从一个一贫如洗的大学老师变成互联网行业的巨鳄。当时马云真的是为阿里巴巴造足了声势，就连街边茶餐厅的老板都在等着看阿里巴巴上市。

上市当天，阿里巴巴财富增长的高潮从9点半的询价环节开始，从19港币涨到24港币仅仅用了几分钟的时间，而开盘价更是直接达到30港币，到中午时，阿里巴巴公司的股价就已经超过了35港币。要知道，靠着"腾讯QQ"赚得钵满盆盈的腾讯公司，在香港股价涨到60港币花了3年的时间，而阿里巴巴仅仅用了一天，就暴涨到将近40港币。期间一度涨到40港币以上，让许多股票分析家都大跌眼镜。更让香港股市震惊的是，阿里巴巴公司股票开盘后竟然让港交所市场的交易堵塞了15分钟以上，港交所不得不专门做了回应，就此事进行解释并且公开致歉。而开盘前一天，是整个港市股票历史上跌幅最大的一天，所以阿里巴巴公司的"新股之王神话"更是让人心服口服。

此次，阿里巴巴公司的香港上市创造了两项香港股市的第一，首先是融资额达到近17亿美元，超过了Google创造的16.7亿美元，也刷新了全球最大科技股融资规模纪录；还有一个是冻结资金4475.18亿港元，创造了香港股市IPO融资的最高纪录。和股价同样令人瞠目结舌的是阿里巴巴公司的市盈率，已经超过300倍，这样的涨幅让有的金融学者担心，他们认为这种涨幅的预期已经产生了泡沫。对于专家们的质疑，马云只是回应说："当初定13.5港元也还有人说贵。"而阿里巴巴B2B公司CEO卫哲随后对媒体解释说，他们在路演中，投资人都没有问过这方面的问题，因为这些投资人看到的都是未来的发展。

《标准杂志》声称，量子基金之父罗杰斯（同时也是最成功的投资人）多次表达了自己对近几日在香港联交所上市的、属于中国大陆的互联网B2B网站阿里巴巴有着极大的信心。罗杰斯说道："我只是说我现在不会投资香港或者中国大陆的股票，但是我曾经买过许多，现在，除了阿里巴巴，我没有买其他的中国股票。"同时，罗杰斯并没有打算售出他所买入的阿里巴巴公司的股票，他公开对媒体说："我对这个公司发展的预期和管理很有信心。"再加上之前罗杰斯来中国考察时，曾与阿里巴巴的老总马云有过一次会面，"我买这只中国企业的股票，而且没有卖掉的打算"。

毫无疑问，资本市场的成功增强了阿里巴巴想要急速扩张的欲望。阿里巴巴内部员工透露说，阿里巴巴公司将着手国际化的进程，并且面向港台地区和印度进行市场的拓展，同时打算通过雅虎方面入驻美国和日本的电子商务市场。

　　阿里巴巴香港上市后，在香港股市创下了众多神话，马云面对媒体的祝贺时却总是一副微笑平和的面孔。马云面对镜头告诉记者，不管是大陆的股民，还是香港的股民，不管是本国的投资者还是外国的投资者，只要参与阿里巴巴发展的人，都会分到一杯羹。

　　有媒体问马云，阿里巴巴公司是否发展得过于快速了？马云则笑着对大家说："阿里巴巴从最初创建到现在仅仅经过了八年，跟很多老企业相比，我们还是一个小孩子。"而对于记者的祝贺和夸赞，马云只是虚心地回应了几句，他虽然狂傲自信，却也懂得在什么场合应该说什么样的话。何况，阿里巴巴上市后的成绩，是马云和他的团队一步一个脚印，用无数艰苦的岁月换来的，这个成绩是阿里巴巴意料之中的事情，对于马云来说确实不用太喜出望外。

　　早在2007年4月29日，就有媒体透露，阿里巴巴已经正式启动了上市的车轮，之后阿里巴巴上市迅速成为了业界关注的热门话题。但是直到同年的7月28日，马云才在阿里巴巴举办的公司年会上首次向阿里巴巴的员工确认了公司的B2B公司即将启动香港联合交易所上市程序的消息。

　　2007年10月22日，距离阿里巴巴上市仅剩不到半个月的时间了，在北京招商证券网点港股业务办理处，随处可见正在咨询如何办理港股业务的人群，还有一些已经办完手续准备离去的人们。招商证券的投资顾问向大家说明，这几天有很多人都在办理港股的业务，而且都是冲着阿里巴巴来的。

　　北京招商证券网点港股业务办理处只不过是冰山一角，阿里巴巴要上市的事情已经引起了全球的关注。在阿里巴巴短短五天公开发售的时间里，冻结资金就近4475.18亿港币，而且超额认购了258倍还多，同时阿里巴巴也创造了香港股市冻资最高纪录。而在全球配售方面，阿里巴巴公司也获得了将近1.5万亿港币的认购，并且，还有1000余个机构的投资者参与进来，机构认购和公开发售这两项的合计认购金额达到了将近2万亿港币。

　　就在阿里巴巴在港交所上市的前一段时间里，港币对美元的汇率出现了前所未有的波动，导致内地股市持续下跌……但是金融市场因为阿里巴巴的上市又重新被注入了一针强心剂，可想而知当时阿里巴巴上市受到了什么样的火热追捧，这也使得阿里巴巴的融资计划从10亿美元一路飙升到了15亿美元。

　　由于融资计划的认购数额太过庞大，超过了公开认购的40倍，于是阿里巴巴不得不启动回拨机制，由公开发售占总发行股数15%调高到了25%，由原来的1.29亿股加到了2.15亿股。其市值也达到了682.07亿港币。阿里巴巴也成为继2004年谷歌公司在美国上市融资16.7亿美元后，3年内融资最多、市值最大的一只网络股。

　　对于阿里巴巴未来的发展，马云表示，在香港上市是阿里巴巴一个里程碑，这也代表了中国大陆的电子商务发展会迎来一个崭新的时代，而自己的使命，就是让中国的中小企业通过阿里巴巴发展壮大，让它们能够和世界接轨，如果要做到这一点，阿里巴巴未来要走的路还很长……

三、激情狂欢，畅想未来

阿里巴巴在香港上市成功，一日之间，近千名阿里巴巴员工摇身一变，成了百万富翁或者千万富翁，而阿里巴巴也被大家笑称为"造富工厂"。

凌晨两点，阿里巴巴集团CEO马云、阿里巴巴首席运营官蔡崇信及阿里巴巴B2B网站的总裁卫哲等人抵达美国纽约的机场，准备进行美国市场的路演。同时，香港方面传来的消息称，就在三天前，阿里巴巴公司在香港和新加坡的路演里，一共获得了超过25倍，高达300多亿美元的超额认购。而且根据以往情况判断，阿里巴巴在未来4天内，美国市场上展开的路演将会获得更高的认购倍数。

阿里巴巴公司初步拟定的招股书显示，阿里巴巴2006年全年收入为13.63亿元人民币，盈利2.68亿元，而2004年的年收入为3.59亿元。也就是说，阿里巴巴公司在这两年里发展是极为迅猛的，2006年的纯利润跟两年前的营收相差无几。

马云一向主张成果共享，也因为员工持股的问题跟孙正义当面"叫过板"，此次阿里巴巴公司在香港成功上市，给员工也带来了巨大的福利，将近有1000名员工会成为百万富翁，在公司时间长一些、职位稍高一些的老员工更有很多一夜之间暴富成为千万富豪。然而，业内人士分析认为，阿里巴巴这次上市带来的最重要影响，就是给中国4200万的中小企业带来与世界接轨的可能性。

互联网数据中心的互联网高级分析师黄涌涛说："阿里巴巴平台为中国的草根企业和无数创业者提供了一个互联网平台，使得它们得以在网上销售商品，迅速地打开市场，建立起客户渠道。"并且，阿里巴巴公司此次成功上市，将极大地推动中国中小企业的互联网线上业务发展，进而扩大中国网商体系，马云也说，他想让中小企业中也产生更多的百万富翁、千万富翁甚至亿万富翁。

按照阿里巴巴公司所拟写的招股说明书来看，他们计划拿出所筹集资金的六成，用于收购和发展中国互联网的B2B市场业务，这也从另一个角度看出，阿里巴巴将从业务层面更好地服务于中小企业客户。

阿里巴巴的CEO马云先前也多次强调："做企业赚钱，赚很多的钱，许多人都这么想，但这不是阿里巴巴的目的。一个企业也有三个"代表"：第一代表客户利益，第二代表员工的利益，第三代表才是股东利益。"有数据显示，由于借助阿里巴巴平台，五成以上的阿里巴巴企业会员年收入都能超过100万元，同时，他们每年还为社会创造了数以亿计的财富。著名经济学家周其仁指出，马云所带来的影响不可估量，因为阿里巴巴不仅仅是一个商务网站，还是一个一直为社会服务的平台。

从最开始，阿里巴巴就秉承着"让天下没有难做的生意"为公司的理念。阿里巴巴上市的保荐人摩根士丹利发表了一份上市报告，这份报告指出，阿里巴巴的B2B市场在上市两年的纯盈利将有希望达到6亿到8亿多元，而纯利率可以稳定维持在31%的水平，接下来3年营业额的复合年增长有望再创新高。

阿里巴巴的B2B市场业务已经渐渐由"为中小企业提供在线交易平台的初级服务"转变成"为中小企业的生态链提供服务的更高级B2B业务"，这一改变不仅仅体现在现金流、信息化和物流的服务上，还体现在中小企业最急缺的线下展会、贷款融资、信息化管理等方面，阿里巴巴将提供更加全面的增值服务。阿里巴巴公司的这一举措，无疑增强了中小型企业会员的依赖性。

在"中国网商大会"上，马云曾做过激情洋溢的讲话："我坚信中国可以发展电子商务，我也相信电子商务要发展，必须先让网商富起来。如果网商不富起来，阿里巴巴那是一个虚幻的东西。我更为骄傲的是我跟阿里巴巴所有的同事，我希望阿里巴巴为中国的网商，为中小企业创造非常多的百万富翁、千万富翁。"从阿里巴巴发布的控股书中，我们可以清楚地看见，马云作为公司的CEO，只是象征性地持股，而他持股的比例只有不到五个点，剩下的股票除了几个高层和风投人，就是阿里巴巴员工的股份。就像马云自己说的那样，他不是一个自私的人，只想把钱装进自己的口袋里，他希望大家共同富裕，做到多赢。

马云强调了自己对阿里巴巴未来的期望，他说，阿里巴巴要做一家102年的企业，而成功上市，只是阿里巴巴百年企业路上的一个加油站。员工都愿意跟着马云一起创建百年企业。因为有这样一个为员工着想的老板，确实是阿里巴巴员工值得骄傲的事情。

为了庆祝阿里巴巴B2B在香港成功上市，在阿里巴巴的杭州总部，员工自发地在公司墙上贴满了"人人都爱IPO"的海报，因为员工持股而"一夜暴富"的新生百万富翁聚在一起，激情洋溢地聊起了天，他们每个人脸上都有按捺不住的喜悦，并且彼此祝贺，高声欢呼着。在这一片欢腾的气氛中，大家纷纷打开了香槟，互相碰杯畅饮，甚至还有人请来了舞狮队和锣鼓队，似乎只有逢年过节的热闹才能配得上大家欢喜的心情。

庆祝告一段落，阿里巴巴的员工三五个人坐在一起，开始回忆这一路的艰苦历程，说至动情处，有几个女员工都激动地哭了出来，男员工也是一脸的感慨万分。艰苦的日子都已经过去，也正因为有着过去艰辛的努力，如今的成功才显得格外美好。看着眼前的一片欢腾，大家又都纷纷露出了笑容，开始畅想起阿里巴巴的美好未来。马云说过，阿里巴巴要做一家102年的企业，未来的道路还很远，需要今后更加努力。只有靠着坚持和不懈的奋斗，才能迎接更加灿烂的明天。

第七章

马云的"阿里云"，"菜鸟"的快递江湖

一、如果我们不做云计算，将来会死掉

2010年3月28日，在"中国IT领袖峰会"上，腾讯公司的CEO马化腾、百度的掌门人李彦宏、阿里巴巴当家人马云及众多互联网行业的大佬共同商讨了日后互联网的发展趋势。期间，他们提到了一个词，叫作"云技术"，马云甚至表示："如果我们不做云计算，将来会死掉。"此言一出，顿时让在座的业内顶尖人物震惊了，但是大家在震惊之余都表示赞同马云的说法。

什么是"云技术"呢？"云技术"又被叫作"云计算"，英文叫"Cloud Computing"，在各行各业都有自己对"云技术"的理解。在互联网领域一般认为，云计算是一种基于互联网的计算方式，通过这种方式，共享的软硬件资源和信息可以按需求提供给计算机和其他设备。

用户使用云计算时，不需具备必要的专业知识，也不需要了解"Cloud"中基础设施的状况，更加不必直接进行控制。云计算提出了一种概念，该概念是基于互联网上新IT服务的增长，以及互联网的使用模式和交付模式。用户通过浏览器、桌面应用程序或移动应用程序就可以来访问云服务。

李开复曾经用"钱庄和银行"的比喻来向公众解释云计算到底是什么事物：在最早的时候，人们赚了钱都放在自己家里，压在枕头底下，虽然花用方便，但是并不安全，存放的数量也有限。过了不久，钱庄就应运而生，大家开始把家里的钱都拿到钱庄存起来，钱庄可以放很多的钱，并且相对于家里更安全一些，唯一缺点就是花用起来不太方便，因为那时候钱庄并不太多。而慢慢地，钱庄就演变成了银行，现在银行有很多分行，还有ATM自助存取款机，这让人们可以随时随地存钱取钱，并且钱也很安全。

云计算就相当于钱庄和银行，所有用户，只要通过一根网线和一台计算机就可以很方便地上网，云计算就是储存用户资料和提供应用服务的地方。

自从马云杀进互联网这个行业，就一直没有停下创新的脚步。他心里明白，在这个高速发展的社会，必须要紧跟时代步伐，勇于接受新事物，学习新知识，才能让阿里巴巴更长久地发展。于是，当很多人都在质疑云计算的时候，马云站出来宣布，阿里巴巴要开发下一个互联网的盈利点了，那就是云计算。说干就要干，马云立刻回阿里巴巴筹备发展云计算的事宜，不久后，阿里巴巴又多了一个子公司：阿里云。

虽然我们对技术方面不甚了解，其实，我们在上网的过程中，有很多地方都用到了云计算，比如我们日常使用的浏览器、上网购物所用的购物平台和支付平台，以及各种的理财软件等，都用到了云技术。

据资料显示，支付宝推出的理财软件——余额宝的用户已经达到了8000多万，比炒股的人数还要多，这么多用户所带来的不只是盈利机会，也有风险。如果想保证这些用户的安全，就不能让余额宝有一点点的闪失，否则后果不堪设想。但是从另一个角度说，如果阿里巴巴发展起来云计算技术，就可以大大满足公司的需求，也可以应用到其他领域，这是马云迫切想要发展云技术的一个重大原因。

其实，早在2008年，阿里巴巴内部就提出了"去IOE"的计划，

"IOE" 就是指 "IBM、Oracle和EMC"，IBM是服务器提供商，Oracle是数据库软件提供商，EMC则是存储设备提供商。这三方在软件到硬件方面共同构成了一个企业的数据库系统。而由 "IBM、Oracle和EMC" 这三方构成的企业数据库系统，占领了世界企业数据库系统很大一部分的市场份额。

除了阿里巴巴，还有很多需要大量数据运算的电商企业，比如石油产业和金融行业，一些在世界上有很大影响的公司都广泛地使用这套IOE系统。其实，阿里巴巴公司的 "去IOE运动"，就是用成本比较低廉的软件来代替这些被垄断的软件，比如，用MYSQL替代Oracle，PC Server替代EMC2、IBM小型机等设备，借此降低成本，也消除了 "IOE" 系统对阿里巴巴数据库的垄断。

阿里巴巴的 "去IOE运动" 也被互联网行业内部解读为低成本化运动。因为 "IOE" 系统对互联网行业的垄断，这套系统运行与维护费用都异常高额，仅Oracle这一个系统，三年的销售价格就达到了几千万元，而阿里巴巴公司正处于上升期，该公司和旗下的子公司都拥有无数的用户群，而且用户群的数量每年都在大幅度增长，所需要的运维费用是压在阿里巴巴财务上的一座大山。在应用云技术的过程中，"IOE" 系统并不适合云计算的横向扩展，也就是说，"IOE" 系统不能让多个数据库系统同时运行，因此，云技术一旦扩张，这部分的运营维护成本将是阿里巴巴非常头疼的。

5月17日，最后一台小型机在阿里巴巴的子公司——支付宝公司正式下线，这标志着阿里巴巴已经率先完成了 "去IOE运动"。高等研究院市场机制设计和信息经济研究中心主任、上海财大经济学院李玲芳教授认为，阿里巴巴公司的 "去IOE运动" 为互联网市场带来了一个成功的范本，向大家证明了，"去IOE" 是有可能实现的。马云凭借着首先完成了

"去IOE"系统的优势，迅速地抢占了又一个高端市场，也为阿里巴巴带来了新的发展。

2014年3月18日，就在马云宣布阿里巴巴要去美国启动IPO的两天后，他来到了北京大学，并且在百年讲堂里举办了阿里巴巴的技术论坛。期间，马云用了一段玩笑话作为自己的开场白，他笑着对下面的同学说："百度的李彦宏是个懂技术的，腾讯的马化腾也是个懂技术的，就阿里巴巴的马云什么都不懂，可是虽然我不懂技术，我们公司的技术却最好，为什么百度和腾讯的云技术没有搞下去？因为他们的老总懂技术，觉得很难，而我真的不知道有这么难。"

恰如马云所说，百度和腾讯一直在钻研云计算，但是他们的云技术还是比较薄弱的，特别是在能力及基础设施方面都是欠缺的。而且由于政策原因，国外的云技术也一直没能打开中国市场的大门。就在这样的大背景下，阿里巴巴却率先发展了阿里云技术，并且阿里云也不断地进入了各行各业里，如今的金融、医疗、政务、气象、交通等行业，都少不了阿里云的身影。不仅如此，阿里云还有独立的阿里云市场，可以把用户所需要的服务开发成商品，阿里云不仅售卖自己做出的产品，还积极地引入第三方服务提供商。

马云在北大百年讲堂讲的话看似幽默，其实是很有道理的。有时候，你看到了困难，研究了困难的程度，就会失去了对困难的挑战的欲望。而如果你迎难而上，不管困难的程度究竟有多大，说不定就会成功。等你拼搏过，可能才会发现，翻越眼前的大山，并没有你想象中的那么难。

二、阿里云，马云被王坚"忽悠"了

马云在北大百年讲堂上说，百度的李彦宏和腾讯的马化腾都懂技术，最终却是没有技术的自己带领的阿里巴巴技术最好。其实，这是因为马云自己不懂技术，所以他很看重技术人员，也很尊重他们，在马云看来，人才就是一切。所以，2008年，王坚就被马云成功收在麾下了，在演讲中，马云也提到了自己被王坚"忽悠"的过程。

王坚在阿里巴巴里又被叫作"阿里云先生"，王坚刚一入职，马云就立即任命他为首席架构师，让他在阿里巴巴能够放手一搏。可是王坚在阿里巴巴的工作并不顺利。因为，正当阿里云刚刚起步，"去IOE运动"还前途未卜之际，王坚却做了一个让所有人难以置信的决定。

2010年8月，王坚开始组建自己的团队，研发YunOS操作系统。众所周知，当时的移动操作系统是被安卓和iOS这两个系统全面垄断，即便是微软这样的大公司使出浑身解数，也只能从这两大系统中艰难地抠出一小块立足之地。而当时，全球众多开发者做的最美好的梦，也就是做个立足于安卓系统的深度定制，而阿里巴巴却放话出去，说自己要做操作系统，这引来了业内和业外的一片嘲讽。

在当时，阿里巴巴说要发展云计算，这还能算是抢占了市场，毕竟"去IOE运动"是因为成本太高，不得不做。可是做操作系统这个事，就让人难以理解了，因为也有人想过跳进这个大坑，但无一例外全部失败，大家都不明白为什么王坚在这个节骨眼上一定要跳进去。

"我们这个时代需要苹果和谷歌之外的另一个选择。欧洲没能做出自己的移动操作系统，已经注定错失了一个时代。"这是王坚的回复。

马云在《在线》的序言中写道："第一次听博士提出要进行YunOS的研发，我几乎是愤怒地惊讶于他的胆识。"这段序言可以说是让人直截了当地看出马云对王坚要做操作系统的事抱有什么样的态度，但书上没写的是，马云是在什么情境下写下的这段话。2012年8月13日，马云在"阿里味儿（阿里巴巴的内部论坛）"上发帖，宣布正式任命王坚为集团首席技术官，让马云没想到的是，这个帖子一下子激起了阿里巴巴员工的"大暴乱"，帖子下面的留言有300多条，可以说，任命王坚做CTO的这件事，是阿里巴巴所有高管任命中争议最大的一件事。这个帖子也被称为阿里巴巴"神帖"。

"云手机事业做得一败涂地，浪费了多少资源。王博士还高升CTO了？费解。"

"这算是KPI 3.75了？哦，不对，应该至少是4了，能晒晒考核依据吗？"

"一直有个疑问，不知道CTO能不能回答一下：王坚博士会不会写代码呀？"

"不搞技术，管理不擅长，请问有什么隐藏技能？"

……

这么"肆无忌惮"的内部论坛一直都是阿里巴巴的自豪，彭蕾曾经说过，"阿里味儿"永远都不会删掉帖子的，时间久了，大家回过头看看当初发的帖子，是一件很有意思的事情。但大家可以假设一下，如果自己是王坚，作为论坛"神帖"的主角，一边正在焦头烂额地拉扯阿里云，一边还要耗尽心血地做YunOS操作系统，不但没人支持，还要面对所有人的冷嘲热讽和挖苦，在这样铺天盖地的质疑中，要怎么样才能坚持下去。

在王坚做的东西里，遭受质疑最严重的就是YunOS的前身：云手机业务。因为当初技术确实有限，刚做的产品也有很多不足，加上因为谷歌公司的"严酷打击"，所以云手机业务在最开始的时候只能找同样处于起步阶段的硬件伙伴。据一些使用过一代手机的人回忆，这个产品总是出现死机、黑屏等故障问题，让一些愿意支持王坚的员工买到后，从满心欢喜变成失望透顶。

那段日子里，几乎所有人都在背地里讨论王坚，说王坚是个"骗子"，说马云被王坚忽悠了。而支持王坚做操作系统和云技术的马云也被员工在背后戏称为"DATA（数据）Ma"。不仅是阿里巴巴内部的员工质疑他，外界也有很多冷嘲热讽对准了王坚，甚至包括一些互联网行业内的大佬。比如2010年在深圳召开的"中国IT领袖峰会"上，马云和腾讯公司的马化腾及百度的李彦宏现场就为了云计算吵了起来，当时并不看好云计算的马化腾和李彦宏一起打击看好云计算的马云，最后虽然凭着马云优秀的口才使两个人同意了云计算是一个好东西，但是他们心里还是对发展云计算这个事情不以为然。

然而，王坚那个曾经被无数人冷嘲热讽的梦正在现实中不断发展。2016年第一季度，YunOS智能终端设备就超过了一亿台，顺利成为全球除安卓和IOS外的第三大移动操作系统。同年7月，阿里巴巴联合上汽公司推出了全球首部互联网汽车，并且配备了YunOS Auto系统，短短数月间，这款互联网汽车的订单就突破了10万辆，成为汽车市场里久违的爆款。

成功以后，王坚在自己的书里写道："我做YunOS，招来了很多非议，甚至比我这一辈子挨的骂还多，但我不后悔，想做移动操作系统的公司不少，许多比我们更有条件，但最后顽强坚持下来并且真正占有市场份额的只有我们。无他，因为我们对这件事富有热情和执着，因为相信它对社会有价值。一片沃土摆在大家面前，却只有农民种出了庄稼，其他人不是看不到，而是不相信。"

在北大百年讲堂里，阿里巴巴公司的CTO王坚博士以《互联网和技术创新》为题，面对台下几千名技术人才和优秀的北大学生，首先带着大家展望了一下互联网技术发展的未来，然后告诉大家，互联网已经成为国家经济发展所必须具备的基础设施，并且云计算的发展将决定国家未来的竞争力。

王坚给大家讲解到，在我国还没有发展互联网之前，整个国家的经济及商业发展的基础都需要依赖的设施是什么？答案就是路，农村要致富，就要先修路，所以当时响应国家的号召，我们国家修了很多的公路和铁路。但是，随着互联网的发展，给整个社会的经济基础设施都带来了改变，而互联网对技术有着非常高的要求。

"做技术的人其实都有一个梦想，这个梦想不是做一个技术替代过去的技术，而是能不能真正站在世界最前沿。"王坚认真地给台下的听众讲解起来，过去信息时代的标志是"甲骨文"和IBM，中国的所有银行所使用的都是甲骨文的数据库。而7月，阿里巴巴宣布最后一个小型机下线，标志着阿里巴巴技术的崛起，也标志着上一个信息时代的结束。信息技术要发展、要开创新时代，这个使命要交到互联网公司的手里。

王坚说："未来云技术的规模，会变成一个国家的竞争力，变成一个企业的竞争力，变成一个学校的竞争力，甚至变成个人的竞争力。"阿里巴巴决定要跟谷歌竞争，所以阿里巴巴一定要把云技术发展起来。目前，放眼全球，能够把5000台计算机连在一起的公司，简直就是凤毛麟角。

对于外界流传的"马云被王坚'忽悠'了"这句话，王坚却有着不一样的看法："八年前，别人都说我忽悠了马云，因为云计算这么不靠谱的东西他也信了；其实是马总忽悠了我，他让我相信这事只有在阿里才能干得成。"

三、菜鸟闯江湖，靠财力更靠领导力

2013年，马云又做了一次变革，这次，他把指挥棒对准了物流业。马云做出这样的决定倒不是因为自己有多大的野心，而是迫于无奈。因为阿里巴巴不断发展，阿里巴巴的子公司淘宝也越做越大，每天都要面临爆炸式的订单，随着交易额的不断提高，物流逐渐滞后起来，因为现有的物流根本不能满足日益庞大的交易量的需求。

出于这种考虑，2013年的5月28日，阿里巴巴和银泰集团、复星集团、富春投资、顺丰集团、申通、圆通、中通、韵达、百世汇通、宅急送等金融和物流机构，在深圳联合发动了 "中国智能物流骨干网"，举行了首届 "菜鸟江湖大会"。马云担任董事长，张勇是首席执行官，菜鸟网络的股权比例为：阿里巴巴注资21.5亿元，占比43%；国俊投资公司注资16亿元，占比32%；上海星泓投资公司注资5亿元，占比10%；富春物流公司注资5亿元，占比10%；顺丰、"三通一达" 五家快递公司各自注资5000万元，分别占比1%。

大家不难看出，虽然这个 "中国智能物流骨干网" 以中国二字冠名，却没有中国邮政和中国铁路的加盟。对于这方面，马云和这些民营企业的联盟也有些无奈。对此，北京国俊投资公司的代表人沈国军给出的答复是："目前组建这个公司的股东基本都是民营企业，今后不排除有一些大的金融机构来跟我们合作。到目前为止，我们没有考虑股东层面跟邮政体系合作，以后看情况再说。"

对于中国邮政这样的"国家队"，中通速递副总裁徐建国也表达了自己的看法："邮政、EMS所有车辆过高速公路都免费，而且他们的土地是国家无偿供给，我们是要用钱买的。比如在城市的派送，所有的地方，邮政都可以进去，也没有单行道、禁行区之分，但我们不行……"中国邮政的服务态度和送货质量大家都是有目共睹的，所以这次马云果断地选择民营企业来做自己的合作伙伴，也是出于对菜鸟驿站的前景考虑。

"菜鸟网络科技有限公司"正式成立后，菜鸟网络总裁童文红首次对外解读菜鸟战略，称菜鸟定位于"社会化物流协同、以数据为驱动力的平台"，并且明确五大战略：快递、仓配、跨境、农村和驿站。"菜鸟驿站"这个名字是马云取的，马云解释说，对于社会化的物流基础设施建设方面，自己想了得有十年，也做了十年，而且决定傻傻地再做十年。马云笑着说："让我们这些老家伙，学习做做菜鸟吧。菜鸟的心态比谁都年轻，也经得起风浪。"

然而，虽然马云把自己的物流驿站取名叫"菜鸟驿站"，但他也一再强调："我们只做菜鸟，却永不做笨鸟。笨鸟先飞，为什么？去哪里都不清楚，根本不解决问题。"马云整理了一下思路，又告诉大家："数据、仓储、配送结合打通，运转会越来越快。10年后，全中国任何一个地方，只要网上购物，24小时送达，还能支持1000万快递人员通畅地服务，让马路、高速、铁路更好发挥通道的力量。"

在当时，国内的物流界就像一个嗷嗷待哺的婴儿一样，规模小、服务差，很多设备和物流公司的制度都不健全。阿里巴巴的电商网络平台因为这种严重滞后的物流服务遭遇到发展瓶颈期，这也让很多淘宝网用户怨声载道，马云立马意识到了问题的严重性，如果他不用自己的能力去改变中国物流界的现状，阿里巴巴肯定会有一天面临崩盘的危险。加上京东等交易平台的迅速崛起，马云越来越清楚地意识到，物流已经成了淘宝的一块最致命的短板，为了把这种危险的苗头扼杀在摇篮里，马云果断地制订了他的新计划：建立他的物流江湖。

第一期，马云向菜鸟网络投资达1000亿元，第二期又注入了2000亿元。马云下了很大的决心，也动用了很大的财力，他说，"菜鸟网络"是他最后一个梦想，所以他必须全身心地投入在这个领域，马云也一再跟大家强调，菜鸟驿站是一个理想主义项目，至少也需要八年到十年的时间，才有可能实现。马云在全国各大城市都建立了仓储系统，并立下誓言，要通过菜鸟驿站这个"中国智能物流骨干网"项目，让所有商品都能实现全国24小时可达的梦想。

2013年6月21日，为了顺利打造菜鸟驿站的核心物流点，马云一次性给武汉江夏区投资了80亿元，然后再围绕着这个核心物流节点，逐步打造二级物流节点和三级物流节点，最后再把这些节点互相贯通，最后的形态是一张紧密而贯通的"蛛网"。

几个月后，马云亲自去了趟金华，代表阿里巴巴跟浙江省金华市政府方面签订了战略合作协议。协议生效后，阿里巴巴专门拨出了一大笔资金建设了唯一的金义都市新区的"中国·电子商务新城"，就这样，浙江省金华市就成为了阿里巴巴的第一个电商物流园。随后，上海的嘉定区，成都的高新区等的地方政府也纷纷向马云抛出了合作的橄榄枝。于是马云在那段时间里一直不停地东奔西跑，每当马云去到一个新地区，菜鸟驿站就会在那个地方拿到一块地，然后建立起无数的仓储中心。对于这种现象，阿里巴巴的内部员工纷纷在背后把这件事戏称为"圈地运动""八大军区"。

那段时间，马云就像疯了一般茶饭不思，每天只是不停地签协议、扩地、建仓储……外界都在议论纷纷，说马云在下一盘很大的棋，如果马云的"天罗地网"能够顺利建成，可能这一举措将会惠及全球物流业的发展。马云笑着对大家说："每个人都是别人给挖的坟墓，如果学会自己给自己挖坟墓，才是最了不起的。"马云这段"自掘坟墓"的说法引来了大家的关注。

其实马云完全可以不必如此拼命，建成了当然好，如果建不成，阿里巴巴也可以用这些仓储地作为自己的物流网点，也是可以盈利的一件事情，甚至最后把这些地租借给一起合作的物流公司都可以。但是马云在最开始就堵死了自己的退路，他对自己说，这次的"最后一个梦想"，只能成功，不许失败。

也许就是这种破釜沉舟的气势，才成就了如今的马云。菜鸟网络公司给广大的网商用户描绘了一个光明灿烂的未来，如果这个24小时送货的终极目标能够实现，马云也将凭借菜鸟成为物流江湖中当之无愧的第一人。

第八章

B2C 强势来袭，以后请叫我天猫

一、以后请叫我"天猫"

2008年，一场风暴席卷了全球经济，几乎所有企业都受到了这场经济危机风暴的影响，甚至很多企业都被卷走，再也没了踪迹。受全球经济危机的影响，国内经济也是一片萧条，那年几乎成了每一个企业家的阴影。然而，马云的阿里巴巴却像是在风暴中屹立不倒的广厦，不但屹立不倒，还可以遮风挡雨，救活了无数中小型企业。

当时，阿里巴巴的B2B市场，淘宝的C2C市场及淘宝商城的B2C市场，就像三辆马车并驾齐驱，给无数企业和商户送去了温暖的希望火种。尤其是B2C市场，就如同一部马力十足的跑车，驰骋在经济危机的寒冬里。京东商城的副总裁徐雷接受采访时称："2009年是B2C电子商务行业大爆发的元年，并成为互联网大舞台中的主角，而且互联网内外部环境已经成熟。"

其实，阿里巴巴的淘宝网已经是C2C市场的龙头老大了，但对于做一个B2C市场，显然还是有些生疏。于是，马云把自己大部分的精力都放在了B2C市场的建立上，也就是当时正在转型的淘宝商城。有一位资深的评论家说，淘宝商城缺乏品类规划能力，仅仅是一个第三方提供的交易平台，这肯定会影响用户的体验，更敌不过京东的竞争。一番话说得毫不客气，却并没有激怒马云，马云仔细思考了这位评论家的话，才决定要发展仓储物流。

当时，"天猫"这个名字还没有正式决定下来，只能用"淘宝商城"一直代替着，直到2012年1月11日，淘宝商城的总裁张勇在北京举行的战略发布会上宣布，将"淘宝商城"正式改名为"天猫"。张勇在会上对大家说，改名"天猫"是因为消费者需要一个全新的B2C市场的代名词，也希望大家看到"天猫"这个名字就能想到阿里巴巴这个大平台。

说到天猫这个名字，还有一个由来。当初，马云在阿里巴巴全方面地征集淘宝商城的新名字。大家一起想了好久，就跟当初给阿里巴巴取名字一样，大家都觉得要取一个最好的，于是想一个否定一个，否定一个再想一个，同事们都给了很多名字的备选答案，可是马云都觉得欠缺点什么，所有人想的名字都太正式、太直接、太缺乏想象力、一点都不好玩儿……于是马云这个爱玩的人就一路想着名字回到了家。

晚上，马云回到家之后，决定在睡前冲个凉消除一下一天的疲惫，结果就在冲凉的时候，"天猫"两个字突然出现在马云的脑子里。之后马云就兴奋异常地觉得，这是一个绝佳的名字，于是马云不顾当时还是深夜，立马就给同事打了个电话，问对方觉得"天猫"这个名字怎么样，结果话筒里面传来同事悲愤的声音："天猫？这怎么行啊！这名字也太土了吧！"

打完电话的马云不死心，越想越觉得这个名字很棒，于是又连夜给很多同事朋友打电话，结果得到的全是一片讽刺和劝阻的声音。直到第二天一大早，在办公室有同事传话给马云，告诉他一定不能叫"天猫"这个又土又怪的名字。

可是马云就是觉得"天猫"这个名字很好玩，很有意思。马云认为，既然人人讨厌这个名字，就说明这个名字具有其独特性，具有能被人记住的潜力，何况名字本身并没有什么意义，是因为产品受欢迎，大家念得多了，就有意义了。马云判断，这个名字一宣布，肯定会被骂得很惨，但是名字就是为了被记住，骂的人越多，传播得越快，重要的是后面阿里巴巴如何给"天猫"这个名字加入独特的文化内涵。

于是，在马云的"淫威"下，阿里巴巴向公众推出了"天猫"。在这个名字出现的初期，果然迎来了骂声一片，连续四天都没有平息，但是奇怪的是，在第五天的时候，人们突然觉得这个名字又土又怪，却怪得很有趣，慢慢地，大家都觉得"天猫"是一个朗朗上口的好名字了。到现在，谁都不觉得"天猫"这个名字奇怪了，反而还有大批的人觉得"天猫"这个名字确实很有新意，竟然还有人专门去找马云给自己的公司取名字，说马云在取名字方面取得特别好：阿里巴巴，淘宝，天猫……

其实，"淘宝商城"改名为"天猫"的原因还有很多。就上面刚才说的，第一点就是出乎大家的意料，新名字能被轻易记住，这就是马云最突出的风格了，他最擅长的就是"玩"，所以他也最能想出别人想不出来的东西。阿里的首席媒体官王帅说："感谢马总，在我焦头烂额、绞尽脑汁的时候打了个电话给我，问我天猫怎么样，哈哈，太好了。或许很多人被'天猫'这个名字震惊或雷到了，但是更多人因此而记住了这个名字。"

第二个原因就是，在杭州以及上海的方言中，"天猫"的发音和域名"Tmall"的发音相同，而且马云的阿里巴巴集团总部就在浙江省杭州市的湖畔花园旁边，用杭州方言发音对应的汉语谐音，也是马云不忘故乡的一个重要体现。

第三个原因就是暗示阿里巴巴的"天猫"像猫科动物一样，有着超常的嗅觉和灵活的反应能力。猫这种动物确实很吸引人，它们与大多数动物不同，猫的嗅觉相当灵敏，哪里有目标它都能第一时间察觉，而且猫的反应能力相当敏锐出色，而且在发现目标后，猫可以迅速地做出反应，准确地捕捉到目标。虽然阿里巴巴没有官方声明，但实际上，"天猫"这个名字也是在暗示阿里巴巴在B2C市场有着像猫一样的能力。

第四个原因是祝福"天猫"将会长命百岁，真的做成一个百年企业，永远立于不败之地。这个观点被一些"天猫商城"的代言人反复强调过："猫充满智慧和神秘色彩，而且猫有9条命，我们也知道，在未来的路上我们一定会经历'九九八十一难'才能走到102年，用"天猫"这个形象，也预示着就算将来会有磨难，但是有9条命的"天猫"也将不断重生，成为阿里巴巴所希望的百年老店。"

第五个原因是，阿里巴巴是想创立阿里集团B2C市场业务的独立品牌：毕竟过去叫"淘宝商城"，还是让很多用户觉得与淘宝网类似，很容易让人混淆，而现在取一个"天猫"的名字，就可以很独立，明显地与淘宝区分开来。正如原先阿里巴巴推出的第三方支付平台支付宝和C2C市场的淘宝网，B2C"淘宝商城"在拥有一定人气后，也要用一个新的品牌。

这就是"天猫"这个名字的由来。那么"天猫商城"和淘宝网有什么区别呢？淘宝网是我国最大的综合性购物网站，对于淘宝网相信不用多说大家都已经十分的熟悉了，它是一个C2C市场的网站，而"天猫"则是B2C市场的网站，并不是简单的个人对个人，而是企业对个人。

二、天猫，挑剔时尚新名词

经常在淘宝网上买东西的人恐怕或多或少都会有这样的经历：在淘宝上买到了一件产品，卖家明明说的是正品货，结果买回来之后，却发现自己上当了，买到的是假冒伪劣产品。

而"天猫商城"就极大地改善了这一点，凡是在天猫商城出售的产品，都是有保证的百分百的正品货，而且在售后服务方面也非常让人放心，因为"天猫商城"里的商品全部都支持七天无条件退货。这就是"天猫商城"和淘宝网最大的区别。打个比方说吧，淘宝网就是一个路边的个体小商店，而天猫商城则是一座大型的购物商场，无疑是在商场中购买到的货物更加让人放心。

然而，天猫商城又是由淘宝网发展来的内在衍生网站，所以两者之间也存在着很多的联系，可以说，天猫商城是淘宝网最重要的一个组成部分。一个商家如果想在淘宝网上开店，相对而言还是比较容易的，只要有张身份证，有1000元的保证金基本就可以了，但是如果想要在天猫商城开店，那就必须要具有公司注册的资质才行。这也就是说，天猫商城对无数的淘宝网店的商户进行了一次优质筛选。

天猫商城的总裁张勇表示，天猫这个名字是因为众多的消费者而改变的。2011年6月，随着淘宝商城从淘宝网独立出来，买家就有了更多的网购选择。此次，阿里巴巴将淘宝商城更名为天猫商城，就是想让消费者更加清楚这个平台的定位，帮助消费者打消后顾之忧，同时也让买家在网购时做更有针对性的抉择。

同时，天猫商城会坚持对品质的追求，也会坚持对消费体验的追求，并且围绕客户需求不断创新。天猫商城的目标，是成为"网购世界的第五大街、香榭丽舍大道，成为全球B2C的地标，为消费者提供最时尚、潮流的商品。坚持开放合作，构建和谐商业生态环境，实现自身健康成长，最终成为全球最大的B2C平台。"

阿里巴巴集团的首席媒体官王帅也说："这次淘宝商城正式更名为天猫商城，是基于对天猫基因的战略寻找与其未来的战略展望所做出的决策，也是阿里巴巴集团形成并进一步完善生态体系的战略决定。亚马逊不仅是一条河，同时也是世界电子商务的伟大企业；星巴克不是咖啡，它却代表了最大的咖啡连锁巨头和文化；天猫是什么？它就应该是时尚、潮流、品质、性感的代名词和化身。"在逐步实现完全独立运营的市场步骤背后，天猫商城已经变成国内最大的B2C市场平台，并且为消费者提供着越来越完美的商品和越来越完善的服务。

品牌营销学上认为，品牌的名称是与消费者建立的一种最直接、最长久的关系，是与客户建立的最重要的一种关系。淘宝商城改名天猫商城，阿里巴巴方面也煞费苦心。既要取自"Tmall.com"的谐音，又要考虑天猫商城的含义。王帅多次对媒体解释道："猫是性感而有品位的，天猫网购，代表的就是时尚、性感、潮流和品质；猫天生挑剔，挑剔品质，挑剔品牌，挑剔环境，这恰好就是天猫网购要全力打造的品质之城。"王帅进一步解释说，"淘宝网的梦想就是扛着让网购成为社会日常消费行为的这杆大旗，成为国民消费的风向标，让天猫商城成为网购者的重要基地，也成为商家创意和生活的基地。"

天猫商城也明确表示，这次的更名事件，只是品牌的名称发生了改变。天猫商城作为阿里巴巴集团电子商务生态圈里重要的一环，将坚定地做好B2C网购平台，不断升级自身的产品和服务，以此满足消费者日益增长的需求，也为商家提供低成本、高效率的通路，以及树立创造长期价值的理念。阿里巴巴集团将一如既往地做天猫商城发展的依托。

2012年张勇在对媒体的讲话中称："明年天猫在四个方面还将快速提升，第一是提升用户体验，实现无忧购物；第二是提升商家服务体系，不仅要将商家请进来，还必须帮助商家活下来，活得精彩；第三是提升营销体系，从以往单一的打折促销到多样化的整合营销；第四是帮助从淘宝网上成长起来的自主品牌，真正成长为淘品牌。"

专业的评论家认为，淘宝商城已经成为中国国内B2C市场的龙头老大，虽然是从淘宝网衍生而独立的，但发展到一定程度后，必须要有自己独立响亮的品牌名称。以往的"淘宝网"和"淘宝商城"让消费者很容易出现混淆。此次更名为"天猫商城"，完全脱离淘宝这个名字，无论对天猫商城的自身发展还是对淘宝网站的品牌建设都有非常大的推动。

而从另外的角度来看，天猫的更名事件更是行业所需。2003年，联想更名"Lenovo"，成功地为其国际化战略铺好了道路，同时也给整个行业带去了改变；2006年，英特尔换掉了自己的LOGO，从而开启了存储芯片公司至平台化解决方案的公司升级之路。业界已经认识到，2012年注定是传统企业大量进军电子商务市场的一年，而一个优秀的市场平台必须要有一个响亮的名字做宣传。天猫商城是全国最大的B2C市场，也是这些传统企业想要入网的首要考虑，自然要改一个响亮的品牌名称。

从2011年下半年开始，经济开始越来越不景气，于是有传闻称电子商务市场也要迎来寒冬，此时，他们需要一个强有力的平台品牌带领B2C行业走出困境，躲避经济泡沫带来的冲击。作为行业的地标型平台，天猫商城应运而生。

天猫商城的总裁张勇告诉媒体，天猫2011年全年交易额已经超过了1000亿元，是2010年的3.5倍，并且日均独立访问人数也已经突破了1000万。2011年，天猫商城已占据国内B2C市场的50%还要多的份额。来自权威机构alexa统计，天猫商城流量已经在全球排名达到57位，在中国排名第10位，在国内B2C网站内排名第一。而在2011年"双十一"当天，天猫更是创造了单日33.6亿元的交易额。这在中国的网购行业，亦是让人啧啧称羡的事件之一。

这四年间，经历了从诞生到独立，阿里巴巴集团在B2C领域的市场拓展，经历了淘宝商城成立、采用独立域名、从淘宝网分拆独立、确定开放B2C平台战略、商家管理体系升级这五个步骤，直至最新公布的将商城更名为"天猫商城"，每一个市场步骤都在业界引起极大反响。淘宝商城改名天猫，意味着阿里巴巴集团电子商务生态体系的战略性升级已经完成。由阿里巴巴B2B总部、支付宝、淘宝网、天猫商城、购物搜索、阿里云组成的一幅电子商务系统大图已经清晰地展现在世人面前。

三、假货？信任？阿里遇危机

随着天猫商城的规模越做越大，一些问题也就越来越明显地暴露出来。从2009年开始，用户的投诉就越来越多，而且类目都投到了欺诈类，这让马云瞬间警觉了起来。一直到2011年，阿里巴巴总部收到的欺诈类投诉已经多到让人瞠目结舌的程度。于是，马云断然地在2011年1月份秘密地调查起了投诉事件的原因，调查结果让马云勃然大怒。

同年2月份，作为国内最大电子商务平台的阿里巴巴集团CEO，马云站出来向全世界的媒体公布了自己公司爆发信任危机的丑闻，这是一件足够有魄力的事情。阿里巴巴发生信任危机事件后，马云接受了一次采访。在采访期间，马云谈到了自己的公司已经有将近100名销售人员因为欺诈问题而被解雇，马云谈着谈着突然就从椅子上跳了起来，显然他还对这件事耿耿于怀，并且十分愤怒。

这些销售人员错在明知卖家有问题，也明知他们卖的是假货，但是为了提高自己的业绩，还帮助这些无良商家在网上开店，并将这些骗子商家认证为"黄金供应商"。这些无良的骗子用"黄金供应商"的头衔骗取了买家的货款，却从来没有向他们发货，或者只是发一个样品甚至只发一个空包裹。然而他们"兜售"的商品都是当时最受欢迎的电子商品，价格也相对其他产品较高，比如笔记本电脑、平板显示器等。

马云生气地告诉媒体：“（这些销售人员）真正让我生气的是他们怀疑，又或者他们知道卖家是有问题的，但他们还是签了合同，这是个信任问题。”马云说话语速很快，声音充满了愤怒。

这是目前为止阿里巴巴面临的最大的挫折。因为作为一个网络平台，最重要的不是价格的低廉，也不是多种多样的商品选择，而是信任，如果没有信任，消费者不会冒着风险在网上购买商品。

马云在采访中还说到，阿里巴巴的问题也是中国现在正面临的问题。他需要的是一家让全世界都能信任的公司，这家公司把消费者看得比盈利更重要。马云也多次强调过，自己下一个10年的目标，是要帮助1000万家中小型企业在网上开店，给中国的商户们创造1亿个工作机会，并且为全球10亿的消费者服务。

“改变世界”这句话曾经是硅谷标榜的金玉良言。马云的这种真诚的想法在中国却有些行不通，这次的信任危机也让马云大为失望。欺诈事件的丑闻也引起了很多人的议论，因为在中国，诚信是一个很严肃的话题。

尽管每天都有大量来自中国的产品正在走出国门，涌进国际市场，但“中国公司”这几个字在国外却充满了质疑。中国制造的玩具、加工的食品，包括医用的药品和石膏板都受到了广泛抵制。不管国外的态度是否公正，“中国制造（Made in China）”这几个字就意味着山寨，同时也暗示着廉价与不安全。 Pew 研究中心2010年的一次调查说明，在美国有70%的人不信任来自中国的处方药，其中包括相当一部分美籍华人。

自己国家的产品，连中国人自己都在质疑和警惕。2011年2月21日上午，马云在电视上看到这么一条新闻。由于奶粉事件，导致大陆的居民都不相信国产的奶粉是安全的，于是很多内地人都跑去香港抢购奶粉，无法去香港的也想方设法找代购买奶粉，由于内地人的需求量过大，导致香港奶粉断货。马云看完这条新闻简直呆住了，他说：“我的天！我们到底生活在一个怎么样的商业世界里？"

然而，事实却是，这个商业世界马云和他的公司也是重要参与者。因为几乎所有在中国生产的东西都可以通过阿里巴巴集团的淘宝网和天猫商城来购买和出售。这些业务的交易量就跟阿里巴巴集团一样庞大。阿里巴巴的B2B，是阿里巴巴集团唯一上市的子公司，2013年的营业收入是8.53亿美元，净利润达到了2.25亿美元。而尚未上市的淘宝网是阿里巴巴旗下的消费者零售平台。

在中国市场上，淘宝网成功击败了eBay，由此占据了全国80%以上的市场份额。官方数据也表明，全中国有超过一半以上的快递包裹来自于淘宝交易。

阿里巴巴集团对假货的存在有着不可推卸的责任，并且，阿里巴巴公司与中国工商总局有关山寨产品的争论也一直在持续发酵。除了阿里巴巴一直存在的假货治理问题，阿里巴巴总部在上市的时候没有提到过的《关于对阿里巴巴集团进行行政指导工作情况的白皮书》，也引发了外界对阿里巴巴信息披露不充分的声讨。并且在2015年发布的第三季度财报也是一片惨淡，这份报告显示，阿里巴巴2015年的第三财季净利润较去年同期下降28%，阿里巴巴开盘的跌幅也超过了10%，换手率达到1.44%，总市值一路缩水到2171亿美元。对于马云来说，更大的苦恼是阿里巴巴的信任危机应当如何化解？

其实，阿里巴巴现在主要面临着三大问题。首当其冲的自然是假货问题，其次就是信任危机，最后是来自同行竞争的危机。

首先来说假货问题。其实阿里巴巴一直都有假货问题，尤其是淘宝网，更是山寨货的"聚集地"，并且淘宝网还曾经被美国贸易代表办公室列入"臭名昭著市场"名单，后来经过阿里巴巴和淘宝网方面的层层改进，才重新获得认可，将淘宝网从"臭名昭著市场"的名单中移除。

2016年5月14日，"国际反假联盟"还暂停了阿里巴巴的会员资格。国际反假联盟（IACC）成立于1983年，是一个国际性的反假冒侵权非营利性组织，总部设在美国华盛顿，旗下成员包括众多国际知名品牌，包括商业和工业、律师事务所、政府机构和知识产权协会等，会员遍布世界40多个国家的250多家企业。4月13日，阿里巴巴刚刚宣布加入"国际反假联盟"。

毫无疑问的是，阿里巴巴加入IACC最初的想法是好的。因为此前"国际反假联盟"的成员中没有电子商务平台，阿里巴巴的加盟也有利于"国际反假联盟"结构上的多样性。阿里巴巴当时表示，通过"国际反假联盟"成员资格，阿里巴巴集团可以在变化中的假冒侵权形势和知识产权保护等议题上，和组织内其他联盟成员一起合作探讨并开展建设性的对话。

四、阿里巴巴与"整风运动"

　　虽然"国际反假联盟"的用词是"暂停"，但是当时的大部分媒体都说阿里巴巴是被"国际反假联盟"扫地出门了。尽管阿里巴巴反复声明"暂停"只是"留校察看"而非"开除"，然而这还是让马云倍感羞辱。因为"国际反假联盟"在做出暂停阿里巴巴会员这一决定之后，并没有第一时间通知阿里巴巴，而马云是通过国外的媒体报道才知道自己的公司受到暂停会员资格的处分这个消息。

　　作为"国际反假联盟"的"新生"，阿里巴巴集团入学才刚一个月。不过这位新生的加入却引发了一众老生的强烈不满，其中，以著名的奢侈品牌"迈克科尔斯"和法国奢侈品牌"古驰"反应尤为激烈，他们已经宣布要退出"国际反假联盟"以示抗议。

　　迈克科尔斯给"国际反假联盟"的信中写道，阿里巴巴是"史上最大的全球假货销售在线平台"，"国际反假联盟"接纳阿里巴巴成为会员，是"为我们最危险、最具破坏力的对手提供掩护"。担任迈克科尔斯法律顾问的李思普说："阿里巴巴总是嘴上说支持，但实际行动却跟不上。"

　　于是，大约有20多个"国际反假联盟"成员表示了对迈克科尔斯的支持。古驰更是一直站在投诉阿里巴巴假货的最前线。5月，古驰等品牌联合起诉阿里巴巴，指控的罪名是阿里巴巴故意纵容假货在其平台上销售。不过，真正让"国际反假联盟"做出暂停阿里会员资格的决定，很大程度上可能还是跟媒体曝光的"国际反假联盟"总裁罗伯特·巴奇斯与阿里巴巴的"某些"关系。

2016年5月13日，美联社报道称发现罗伯特·巴奇斯持有阿里巴巴股份，他的儿子也和阿里副总裁关系密切。不过，"国际反假联盟"回应称，罗伯特·巴奇斯自2014年阿里在纽约上市以来就持有股份，这只占"罗伯特·巴奇斯投资组合中的一小部分"。

阿里巴巴方面回应称，阿里巴巴的副总裁在加盟阿里之前是苹果公司的高管，曾经出于能力考虑，聘用了巴奇斯的儿子到苹果公司来工作，因此才有了一些联系。但尽管已经解释过了，"国际反假联盟"还是在14日"暂停"了阿里的会员资格，这也让马云大为头痛。

阿里巴巴方面也一直对外声明正在着手改善假货问题。2014年12月，阿里巴巴还向外界展示了打假成果，并且揭秘了打假机制。当时，阿里巴巴已经构建起了一套以互联网大数据为基础的打假模式，其中既包括智能识别和追踪系统，还包括数量巨大的商品样本库和数据库，以及繁杂但精确的算法和强劲的阿里云技术能力等大数据技术手段，也涵盖了账号认证追源和随机抽样检查等完善的管理保障体系。并且，阿里巴巴还跟消费者、商家、政府部门等参与者共同配合，宣布了"打假投入无上限"的理念。

然而，抽样检查的报告中却显示，淘宝网的售假率高达63%，而且抽样检查的报告总归还是不够严谨的，也许淘宝网上真实的售假率更加惊人。所以，面对这样的一份抽检报告，马云的态度很难不强硬起来。

电子商务分析师李成东分析称："如果承认了，阿里就是个假货平台，也就印证了阿里的信用评价体系是没意义的。而且如果承认这件事，那就需要立刻整改，但面对五万名商家，这并不是一时之功，阿里巴巴也是在为自己争取窗口期。但说到底，阿里巴巴作为开放平台，不同于其他

B2C的电商平台，如何解决假货这件事的确是个巨大难题。"假货的话题一旦被大规模关注，对于阿里巴巴今后的治理将是一场巨大的考验。

不过真正把阿里推到风口浪尖的，还是信任危机。在阿里巴巴的白皮书中提到了另外一个重要细节：国家工商行政管理总局（现更名为国家市场监督管理总局，下同）与阿里巴巴高层就假货问题召开的会议，由阿里集团的高层主要负责人及阿里集团核心高管部门管理团队出席，这次会议是在2007年7月16日召开的，为了不影响阿里巴巴上市前的工作进展，这个座谈会是以内部封闭形式进行的，而在阿里巴巴上市时，也并没有对这件事进行披露。

阿里巴巴集团的副董事长蔡崇信专门针对此事发表了声明，他说："在商业经营过程中，我们一次又一次在日常商业行为中与监管者做交流。2007年7月份的这次会议其实也不例外（和其他日常商业行为见面一样），在那次会议上，我们一同探讨了怎样通过有效机制解决针对消费者保护和电子商务平台管理秩序问题。"

阿里巴巴方面认为，这仅是一次普通的国家工商行政管理总局与阿里高层的会议交流。并且，外界媒体也是同一时间知道有这份白皮书的存在，阿里巴巴没有刻意隐瞒这份白皮书的存在，也没有要求国家工商行政管理总局推迟报告的发布。

这是符合逻辑的解释，但关键是外界似乎对阿里巴巴的解释并不买账。有大量外国媒体已经关注阿里巴巴和国家工商行政管理总局的这场争论。在国外尤其是美国，多家媒体报道中都声称，中国国家工商行政管理总局为了给阿里巴巴上市让路，"隐藏"了这份报告。由此看来，信任危机不会是个短期事件，如果这种说法继续传播，阿里巴巴集团将元气大伤。

阿里巴巴在面临假货事件和信任危机的同时，也面临着同行的诋毁和攻击，阿里巴巴集团一直是中国电子商务行业的龙头老大，而且阿里巴巴的商业模式与其竞争对手不同，阿里巴巴旗下的子公司，很大程度上都是在假货、电商征税等问题中无形中受益，这让其他电商企业颇感不平。

京东集团的CEO刘强东曾公开发表演讲，字里行间暗指假货是阿里巴巴的巨大利润来源："我们可以有赚钱的方式。只要睁一只眼闭一只眼，让水货和假货的商家大量入驻京东我们就可以赚取利润。水货假货为什么能够带来额外利润呢？除了给平台提供扣点之外，更大的价值是会购买平台的广告。而这笔广告费，正品行货是买不起的。"

连续两年的两会，政协委员、苏宁易购的董事长张近东的提案，都切中淘宝的痛处和短板：电商征税、电子发票、母婴食品（假货）……这些同行业人的趁机发难，让马云也是猝不及防，只得默默不言。毕竟阿里巴巴爆发出假货事件和信任危机是事实，他只能暗暗地下定决心，一定要在阿里巴巴进行一场"整风运动"。

对于阿里巴巴面对的这场假货事件和信任危机，马云痛定思痛后下了一个让他难过却不会后悔的决定。2011年2月18日，在马云的带领下，阿里巴巴董事会的所有成员一起召开了一个视频会议，会议内容是内部调查小组发现的一个"系统的"问题。

这次事件损失很小，总数大概在200万美元左右，却牵扯进来了将近2500个卖家。此外，负责调查的"铁腕宰相"关明生说："公司正在滋生一种文化，那就是为了短期利益可以不择手段，这是非常危险的。"马云当即决定，高管必须为这件事情负责。于是在那个礼拜，马云召集了阿里巴巴总部B2B的CEO卫哲和COO李旭晖。尽管他们本身并没做错任何事情，还对阿里巴巴有着不可磨灭的贡献，但马云觉得他需要向外界传达一个信息，来保护公司声誉，于是果断地辞掉了他们。

事后，马云对记者说："我们或许是全中国第一家让高管承担责任的公司。人们认为：'马云做得太过头了。'但是我相信中国需要这个。"

五、"双十一"，一个非主流的节日

众所周知，张瑛是马云成功背后不可缺少的女人，但是还有一群站在马云背后的女人，也是她们撑起了马云神话般的电子商业帝国。那个时候，马云的阿里巴巴每天的交易额都是有限度的，平时也就只有一些法定的节假日才能让交易额水涨船高一点点。

那时候，有一个非主流的节日，叫作光棍节。光棍节是在中国大陆的年轻人中广为流传的恶搞性节日，大家选在11月11号，来庆祝自己仍是单身贵族里的一员（因为11月11日有四个1，数字1跟"光棍"在形态上很接近）。年轻人过节总会在吃的和玩的上面搞出创意来，比如在11月11日当天，光棍们的早点就是四根油条一个包子，其中四根油条就是"11·11"的四个"1"，包子就代表中间的那个点。在这一天选择结婚、告别单身生活，也是一项被年轻人追捧的举动。因为四个"1"可以取其"一心一意、一生一世"的含义。

因为11月11日意义和玩法繁多，所以这个非主流的节日非常受年轻人的喜爱。同时，很多高校在这一天，也会有众多单身男女为了脱离单身的状态而举办交友聚会活动。因此，"光棍节"同时又叫作"脱光节"。广大商家为了赚些噱头，总会以"脱光"为由，打折促销，搞些活动。

随着一批批学子告别大学这座象牙塔，"光棍节"也渐渐被带入社会，并随着晚婚的单身男女群体数量的逐渐庞大，以及群体活动和网络媒体的传播，渐渐在社会上流行了起来，并且由"光棍节"发展成了"11·11狂欢节"。马云在一次聊天中无意间听到了光棍节，他觉得这个节日简直是太有意思了，既迎合了阿里巴巴创新的理念，又有相当大一部分人都听说过，并且这个节日还有数量相当大的"粉丝"，而且也可以用这个节日来刺激消费，简直是一举多得。

马云想到这里，立马召开了一个会议，跟大家说了自己的想法，这一次获得大家的热烈赞同，于是马云就举办了一个庆祝"11·11狂欢节"的促销活动。那时候，淘宝商城还没有正式改名为"天猫"，而且那次促销活动的力度也不是很大，主要就是为了试试水，但是11月11日当天，淘宝商城的营业额还是大大超出了马云最乐观的估算。

2010年，淘宝商城的"双十一购物节"，马云打着全场五折大促销的宣传，创下了单日10亿元的销售纪录。并且在淘宝"双十一"狂欢节当天，一共有超过2100万的用户参与了这场疯狂的购物。0点13分，第一个"百万元店铺"就产生了，而在一天的抢购活动结束后，淘宝商城总计诞生了将近200家百万级店铺、11家千万级店铺，其中，杰克·琼斯、尚客茶品、名鞋库、PBA等店铺，销量更是让人瞠目结舌。

面对这么好的盈利势头，一个念头从马云的脑海里生成了，既然现在年轻人都这么喜欢这样有创意的节日，并且商业效果还这么好，为什么不每年都举办一次这样的大型促销活动呢？于是"双十一"购物狂欢节就这样诞生了。

自从天猫商城在2009年11月11日首创"11·11购物节"以来，每年的这一天都成为名副其实的全民购物的饕餮盛宴。有一组数据显示，从11月1日开始，有2000万左右的消费者就将心仪商品收藏或添加到购物车，然后欢欣地等着11月11日刷卡支付。

在当前经济压力加大的时代背景下，"11·11购物节"汹涌的客流量和相当可观的单日成交量，都从侧面显示了老百姓较强的消费意愿和较高的消费能力，这对刺激消费和拉动内需无疑是个积极的信号。相关的评论家认为，电子商务行业的需求呈现逆势"井喷"，透露出我国的互联网消费拥有巨大的潜力。

天猫商城在当下实体零售行业紧缩的情况下，交易额不断暴涨，也就意味着这是传统零售业态与新零售业态的一次短刀相会的交锋。马云在去天猫商城探班时表示，"11·11购物狂欢节"是中国经济转型的一个信号，也是一场由"新营销模式"对"传统营销模式"的大战，天猫商城要让所有制造业的贸易商知道，今天时代变了，形势也变了。对于传统行业来讲，这个警钟已经敲响！

专业的业内分析人士指出，随着100亿大关的成功突破，中国零售业的形态正在"发生根本性变化"。在互联网的线上交易形式已经由之前的"作为零售产业的补充渠道之一"，彻底转型为刺激国民消费、拉动中国内需的主流形式，所以中国的传统零售业也不得不升级。

六、狂欢，人人都爱"双十一"

2014年"双十一购物狂欢"节从当日的凌晨零点开始，刚刚过去10分钟，支付宝的交易额就达到了2.5亿元，27分钟后，立马越过了10亿元的这条线，到1点10分左右，交易额就达到了20亿元。在活动开始1个小时内，著名品牌骆驼、GXG、杰克·琼斯这三家天猫店铺交易额就已经跨过了1000万元。

据上海市商务委员会的数据显示，上海395家大中型商业企业5000多个网点，在为期八天的黄金周里，总营业收入也不过64.3亿元，日均营业额仅有8亿元，这个数字还是在交易旺季时统计的。而网友们用了8个小时，就完成了上海市黄金周前6天的销售额。

天猫商城和淘宝网的支付宝总交易额达到将近200亿元，这是2011年的3倍多。其中，仅天猫商城这一个子公司的交易额就突破了百亿元大关，达到了132亿元，而淘宝也完成了59亿元。而2011年"双十一"的情况是0点上线，第8分钟突破1个亿，21分钟后突破了2个亿，在1个小时后将近5个亿，等到了10个小时后，成功突破了10亿元，13个小时后，达到了15亿元。

最后统计结果是，2011年"双十一"当天光淘宝商城自身就创造了33.6亿元的交易额，而全网达到了52亿元交易额，相当于在这一天内，每一个中国人都在网络平台上花掉了4元钱。消费者创造交易额最高的省份，第一名是马云的故乡浙江，仅一个省就创造了4.15亿元，第二名是江苏，第三名是广东。按城市来讲，上海市是最疯狂的，一个城市就创造了超过2个亿的交易额，而北京和马云的老家杭州分别位列第二和第三。

2014年11月12日凌晨，阿里巴巴公布了昨日的"双十一购物狂欢节"全天的交易数据：支付宝全天成交金额将近600亿元，其中移动支付占42.6%。

时间回到前一年，马云的"双十一"营销策略大获成功后，在"双十一"媒体数据直播中心，阿里巴巴方面接受了将近30小时的马拉松式的媒体采访，在此过程中，有3次掌声几乎掀翻了会场。

第一次掌声，来自阿里巴巴集团的全体员工。2013年11月11日下午一点整，20多位年轻的员工挤在数据直播中心的门外，他们的手里都举着手机，眼睛紧紧地注视着直播中心最前方，那块面积60多平方米，有两层楼那么高的数字大屏幕。4分钟之后，数字大屏幕上的交易记录跳过191亿元，雷鸣般掌声响起的同时，中国网购平台单日成交纪录也被马云刷新，从这时候开始，之后的每一次刷新，都将意味着一个新纪录的诞生。

第二次的掌声，是来自媒体数据直播中心现场的数百名媒体记者的。在当天下午三点钟的时候，现场的主持人带来了让人不由得竖起大拇指的消息。"黑龙江大庆第一单快递，在2013年11月11日凌晨0点30分进入消费者小区大门；在上海嘉定，一位陈先生在付款后仅32分钟就收到了包裹；截至2013年11月11日早8点，全国各地已经有8000多买家签收了包裹！"主持人的话音刚落，现场就响起了震耳欲聋的掌声，这次的掌声，是对物流配送方面，在过去一年中高速发展的赞许，毕竟如果没有物流人员的辛勤劳动，中国的网络购物也只能是一纸空文。

　　第三次，也是最热烈的一次掌声是在阿里巴巴集团CEO马云接受记者提问时响起的。2013年11月11日晚上19点04分，马云现身媒体数据直播中心的直播现场，笑着告诉大家，今日超越300亿元的成交额已经不是空想。他说："我们更关注数字背后的东西，把做五六百亿元、做千亿元、做万亿元的能力，放到真正帮助更多的企业转型升级上去，真正让整个社会通过各种各样的经济手段进行运转。"

　　现场有一个记者问马云："您与万达集团董事长王健林的'2020年，电商在零售市场份额占比能否达到50%'的亿元赌约，能否实现？"马云爽快地回答："如果王健林赢的话，那就是我们这代年轻人输了。我们必须赢，不管是不是我。"现场气氛随即热烈起来，掌声也久久未能平息。

　　这三次掌声，鼓掌的团体不同，内容也不一样，他们表达的感情却是一样的，那就是惊叹、赞许和对未来的期待。当"双十一购物狂欢节"的惊人纪录一次次改变着人们对网络交易平台的认知，也意味着有更多的行业被吸引进来，电子商务给社会经济形态和人民的生活方式带来重要改变，发展和趋势也将越来越好。

　　在所有人为阿里巴巴赞叹的时候，马云的"双十一购物狂欢节"却让同行对他进行了无情的抨击。事情是这样的，马云先前吃过这方面的亏，于是阿里巴巴公司早在2011年就以阿里巴巴集团控股有限公司名义在第35类申请，并于2012年12月获得第10136470号"双十一"商标，而且在第35类、第38类和第41类等相关类别上，申请和注册了"双十一"和"双十一狂欢节"等一系列商标进行防御，马云通过商标注册把"双十一"严密地保护起来，以防止果实被窃取。

　　这次，阿里巴巴很有先见之明地在打造"双十一购物狂欢节"之前就预先做好了有效的品牌保护网。果然，京东方面看见"双十一购物狂欢节"有利可图，立马就在京东也推出了"双十一"大促活动，方式和宣传都和马云的思路如出一辙，于是马云就搬出了商标法，顺利地在和京东的对决中使用商标武器赢了这场商战。这时候，苏宁易购也想分一杯羹，也使用了"双十一"的宣传语，而阿里巴巴就很不客气地向全国媒体发布《通告函》，要求各大媒体不要知法犯法，为其他电商企业发布带有"双十一"字样的促销广告。

受这份《通告函》的影响，京东和苏宁易购等电商企业不得不撤换掉了此前在"双十一"期间的促销广告。

虽然马云这么做是正确的，是维护自身合法权益的选择，但是京东的CEO刘强东和苏宁易购方面就坐不住了，有同行在自己眼前吃蛋糕，自己却捞不着，这让京东大为光火，于是发了一条通告，大力谴责马云不分享"双十一"，说自己将把6月18日定为京东的促销日，如果有同行愿意在6月18日一起宣传，他们绝对不介意。同时，京东还对马云发出了一句牢骚："我要把我生日那天注册了，到那天除了我，你们谁都别过生日。"

苏宁易购也有些坐不住了，于是也发了一封谴责信，上面列出了四条言语犀利的话，条条直指马云的阿里巴巴。其中主要是说，马云的行为是合法的，却十分不厚道，不是良性的商业竞争，并且在结尾掷地有声地警告马云："双十一"可以是你的，但是市场是大家的，蛋糕永远留给有准备的人。

其实同行之间的谴责，恰恰证明了马云当初注册"双十一"是一件多么正确的事情，避免了同行损害自己的权益。就像苏宁易购说的那样，电子商务这个市场很大，但蛋糕永远只留给有准备的人，而马云就是这个有准备的人。

第 九 章

余额宝，行业的颠覆者

一、余额宝，线上的理财神器

2014年前后，有一些说法渐渐在互联网上和人们的生活中流传："快把钱存进支付宝，支付宝能给比银行高十倍的利息！""你知道吗？支付宝余额开始给利息了，而且年利率特别高，有将近四个点，比存银行强多了！"……这些话让不少人心里都存了个疑问，难道马云又跑去开银行了？

虽然大家心里都有疑惑，但是大部分网友还是兴高采烈的。他们都说"太好了，以后可以把钱全都放进支付宝里，反正马云已经让支付宝也越来越贴近生活，而且把钱放进支付宝里想花就花，不但方便，不用的时候还能赚钱，多好。"

对于喜欢在网上购物的人来说，使用支付宝是日常生活中再熟悉不过的一件事。2013年6月13日，一款名叫"余额宝"的支付宝增值服务在支付宝业务平台中悄然上线。细心的用户发现，在支付宝用户界面里，账户信息下方，突然多出一个名叫"余额宝"的功能。

点开后就能看到余额宝的介绍。介绍称，只要用户将支付宝账户中的钱从"余额"转进余额宝，这里面的资金就会用来购买一些货币基金，并且还会获得远高于银行活期利息的收益。当用户需要用这笔钱的时候，又能随时随地拿出来进行支付、网购、转账等。支付宝公司将这项增值服务称为"余额理财神器"。

当时，马云向公众介绍说，余额宝并不是银行的一种，而是将基金公司的基金直销系统，安装到支付宝网站的内部，用户将资金转入余额宝里，这部分钱会由支付宝和基金公司通过系统的对接，帮助余额宝的用户完成基金开户、基金购买等过程，全程都不用用户亲自去做。而用户如果想用余额宝内存入的资金进行支付、转账等操作，就相当于赎回货币基金。

由此可见，余额宝的整个流程十分简单，就跟给支付宝充值、提现或购物支付一样容易。

对于老百姓来说，购买货币基金是一种既可以赚钱又没有高风险的好方法，那个时候，我国的货币基金年化收益率只有三四个点，活期存款的年收益更低，大概只有0.35%。比如说，用户将1万元存进银行活期账户，一年的收益只有35元，而放在余额宝里，一年的收益可以达到300至400元，这要比活期存款高出近10倍。如此高收益却低风险的理财软件，一出台就立即吸引了无数"粉丝"的热烈追捧。

马云对公众宣称，只要通过余额宝来购买基金，就能获得比银行活期利息要高很多的收益。

简单地说，就是支付宝上也能买基金了。马云此举是一种金融创新，立即在公众中引起了极大的反应，短短一周之内，就"吸粉"超百万。然而，就在余额宝的形势一片大好之时，银监会却突然传出余额宝被证监会叫停的消息，这让已经购买余额宝的用户有些担忧。

其实，余额宝被叫停的原因仅仅是因为余额宝部分基金销售和支付结算账户未曾备案，违反了相关法规，阿里巴巴只需要在规定时限内，向证监会补齐备案手续就可以了，支付宝和天弘基金的余额宝业务不会暂停。

之后，马云也出面解释，当时的具体原因是这样的：因为支付宝并非是基金的第三方销售机构，只是为基金公司和用户提供一个结算平台，所以支付宝当时申请到的也是基金支付牌照，并不是外面传的销售牌照。

除此之外，马云还让支付宝公司商务事业部的副总祖国明向公众作了声明。由于此前，电子商务平台一直是不具备基金销售或基金代销资格的，所以在近两年没有一只基金敢放在淘宝这样的电子商务平台上来卖。

2013年的3月份，证监会正式发布并实施了相关政策，允许利用电子商务平台来提升网上基金的销售能力。而这些基金公司和淘宝公司方面的合作，也正式在这样的形势下得以快速发展。

按照证监会的规定，像淘宝网这样的第三方电子商务平台主要是为基金公司提供辅助型销售服务的，应按照证监会规定进行备案。支付宝公司的问题也就出现在这个"备案"上。

2013年6月21日，证监会突然召开新闻发布会，证监会发言人在发布会上称，余额宝的理财业务违反了《证券投资基金销售管理办法》和《证券投资基金销售结算资金管理暂行规定》的部分规定，或将暂停。证监会的有关部门已经要求支付宝公司就此次余额宝理财业务所涉及的未备案的基金销售和支付结算账户限期进行补充备案，逾期未进行备案的，证监会将会根据相应的法律规定对支付宝公司进行调查处罚。

此次新闻发布会召开后，业界一片哗然，马云也有些哭笑不得。不少余额宝的用户更是焦急地问："那我已经投进去的钱怎么办？"当天傍晚时分，因为询问"余额宝事件"的声音越来越多，天弘基金方面和支付宝的官方微博就迅速回应称："证监会支持金融创新，余额宝业务不会暂停。"

同时马云也亲自出面，给余额宝的用户吃了一颗定心丸："我们会在规定时间内完成主管部门的相应要求。余额宝业务不会暂停，并且，余额宝用户的利益会得到充分保障。"

　　马云还表示，余额宝与十几家银行保持着合作关系，但因为没有沟通好，自己只向证监会报备了和其中三家银行的合作，其余合作则没有报备。这次证监会只是要求支付宝公司把其他的合作银行都进行报备。实际上，证监会是很支持互联网金融创新与变革的，但证监会和支付宝公司的沟通，并不如与金融机构沟通那样交流顺畅。而马云他们也是初次尝试与金融监管部门联络，不够熟悉备案和送审流程，因此被证监会"点名批评"了。

　　数年前的这次"叫停风波"是余额宝自成立以来面对的第一个危机，虽然此次事件得到了很好的解决，但似乎也在一开始就预示了余额宝的发展不会一路顺畅，为什么会这样呢？可能就是因为马云动了银行的奶酪，让银行决定给马云一点"教训"，让他知难而退。

二、马云的金融"革命"

余额宝到底是什么呢？难道真是一场对传统银行业务进行的"革命"？对于这个问题，马云不但早已给出答案，而且还反复地声明："我们不是银行，肯定是不能付利息的，不然就成非法集资了。'余额宝'收益也不是'利息'，是用户购买货币基金的投资收益。"

其实，余额宝就是一款理财软件，它引入的首只基金是由天弘基金为余额宝专门定制的一款名叫"增利宝"的市场货币基金。在上线不到一周的时间里，余额宝就因为犀利到位的宣传和无与伦比的"对比收益"营销技巧，借助电子网络这个大平台，疯狂"吸粉"超过百万。

马云告诉媒体，余额宝是有证监会颁发的"基金第三方支付牌照"的服务项目。而支付宝所扮演的角色也并不是银行和证券公司那样的基金代销机构，余额宝只是一个支付渠道。换言之，余额宝只是提供支付结算，剩下所有的业务都由基金公司来完成。

这和通过银行、证券公司或基金公司买基金赚钱是一样的。不少用户都习惯在支付宝账户里存一笔钱，少则几百元，多则上千元，如果支付宝账户没有收益，这笔钱相当于白白放着。现在通过余额宝，用户就能盘活账户里的钱了。

和购买货币基金的模式一样，余额宝对用户的最低购买额也没有限制，你只要有一元钱就可以买一份。当然，任何投资都是有风险的，既然余额宝推出的是基金投资，那也同样需要承担市场波动的风险，但是货币基金相对于其他开放式的投资基金来说，风险低很多，也是老百姓中不少稳妥型投资者除了国债和储蓄外的首选。

负责支付宝公司商务事业方面的副总祖国明在接受媒体采访的时候说道："考虑到用户的接受程度，最开始我们都会放一些风险较低、收益相对稳定、简单并容易理解的产品上线，比如货币基金、固定收益类基金等，之后再考虑风险较高的。"

当时，一共有44家基金公司和支付宝达成支付协议，其中，有20多家公司都在和支付宝商谈产品上线的相关事宜。这就说明用户可以通过余额宝这个理财软件，在众多基金中挑选一款最适合自己的投资基金。

有些用户担心，余额宝中被拿去购买基金的钱会否被盗。马云又一次很快站出来打消大家的疑虑，支付宝公司对旗下的余额宝理财软件同样提供"被盗全额补偿"保障，确保用户的资金能够万无一失。

不过，有理财专家提示，一般来讲，基金公司抵御流动性风险的能力都是较弱的，所以基金方面一旦出现大幅度的缩水或者投资者集中赎回等情况，而基金公司因为所持流动性资产入不敷出时，货币基金就将面临严酷的波动局面。这种情况并不是空穴来风，在2006年就曾出现过一次。

此外，还有其他诸如"如何有效防范网络安全隐患""后期的竞争者增加对天弘基金公司的影响"等，都是潜在风险。所以，余额宝用户在办理投资基金业务时，所产生的疑虑和问题都是可以理解的。不管是对监管部门还是金融行业，不管是专业人士还是普通老百姓，互联网金融和线上投资理财都还是新生事物，都需要时间去熟悉和了解。

另外，马云推出理财投资项目并不是向银行挑战，相反，银行的很多功能和业务都可以通过支付宝来操作。然而，支付宝近年来的一系列举动，还是让各界心生怀疑：马云是不是要进军金融行业了？对此，尽管支付宝方面一再向公众强调："我们不做银行！"但业界还是捕捉到了一些"信息"。

从马云搞出了"虚拟信用卡"的小额信用支付，到这个可以卖所有理财产品的余额宝软件，再到早就做得顺风顺水的信用卡还款、水电煤气费缴付、余额提现，甚至是支付宝转账和扫码支付等，银行的大部分功能都已经可以通过支付宝来操作了。

支付宝公司只是阿里巴巴金融帝国旗下的一个组成部分。阿里巴巴集团在2013年3月份就对外宣布，将筹备成立一个"阿里小微金融服务集团"，这个集团是负责阿里巴巴集团旗下所有面向"小微企业"、消费者个人服务等金融类创新业务，其中包括支付收缴、小额贷款、保险、担保等多个领域的服务。

虽然阿里巴巴不是银行，但以"阿里金融"为代表的互联网金融正在向传统银行宣战，并且以所向披靡之势在传统金融服务领域里开辟属于自己的领地。与此同时，业内的众多电子商务公司和第三方支付机构也都在蠢蠢欲动，意图在这个新的领域里大展身手，分得一杯羹。

马云一再强调自己并不是要抢银行的饭碗，支付宝是否能彻底取代银行也还很难说。即便如此，传统银行也正被这条叫作马云的鲶鱼搅得头痛不已。

为什么银行会如此忌惮马云呢？

首先，支付宝作为第三方支付机构中的领军人，到今天为止，已经稳坐了业界的头把交椅。因为跟传统银行的网银相比，支付宝独有的快捷支付已经做到了无等待、没有任何跳转、无须插入任何U盾、仅凭支付密码就能实时收付款的服务，并且在前期都是不收取任何手续费的。即便现在马云开始向用户收取手续费，也给了用户两万元的免费额度，并且收取的手续费还远低于银行的网银收费。

支付宝提供的信用卡还款业务也早就已经打破了银行间的限制，支持跨行还款，能向数十家银行的信用卡免费还款并实时到账。据粗略估计，2013年支付宝的信用卡还款用户已经超过千万。

其次，在用户群最担心的风险防范等安全问题方面，银行还只是停留在U盾和密码保护上，并且挂失前只能提供若干小时的保障。反观支付宝，马云早就推出了各种保障计划，比如"快捷支付全额补偿保障""余额支付补偿保障"及"实名用户24小时极速补偿保障"等。

支付宝的这些保障覆盖面积十分广阔，涵盖了线上和手机客户端等多个渠道，并且还尝试着引入保险服务，实现全额赔付，把用户的风险降到最低。这些贴近民生的服务在银行这种传统的金融机构还是很难实现的。单从线上支付这一条来说，支付宝就把传统银行远远地抛在了后面。

最后一条也是让银行危机感最强的一条：理财服务原本是银行的独门生意，但是马云偏要来"插上一手"。自从淘宝理财业务开通后，马云就开始不断地引入保险和银行等专属的理财产品，到现在又开始卖基金，于是有记者问阿里理财的负责人："是不是以后要做股票了？"阿里理财的负责人非常自信地回答："不排除这个可能，但具体看用什么形式。"

这样的回答折射出无比的骄傲和果敢：阿里巴巴没有做不到，只有想不到。值得一提的是，尽管还在发展期的阿里金融一再向传统银行业抛出友好的橄榄枝，并且不断强调"我们还有很多合作空间"，但传统银行却明显地忌惮这个初入金融的"竞争对手"了。

有记者曾采访多位银行高管，他们在谈到互联网金融时，无一不持谨慎态度，其中隐约还掺杂着几分不安、焦虑和无奈。就连"解甲归田"的招商银行行长马蔚华也对记者说："过去银行支付的一统天下，正被像支付宝这样的第三方支付越来越多地蚕食和占领。"

然而，不管银行方面愿不愿接受这样的现实，社会每天都在变化，每天都在进步。阿里金融的每一个动作，都牵动着传统金融业的神经，就像银行业的从业者说的那样："谁知道这个马云下一步又会搞出什么？"

三、余额宝博鳌成众矢之的

2014年，博鳌亚洲论坛就互联网金融展开了热烈讨论。让大家没有想到的是，在群众中口碑良好的余额宝却在这一次的博鳌亚洲论坛上成了众矢之的，甚至还引来了各大银行主管对马云的"围攻"。但是，无论这些高管们的言行偏激还是中肯，不论这场讨论是胜利还是失败，此次的博鳌亚洲论坛都让马云和"余额宝"成了当时最热门的话题。

已经卸任的招商银行行长马蔚华在"互联网金融：通往理性繁荣"分论坛上谈到余额宝时声称，余额宝分流了很多银行的大量活期存款，但各大银行的活期储蓄本身就是受到管制的。因此，银行比任何人都更希望能够开放利率市场化。

马蔚华认为，银行脱媒是一种必然趋势，如果在余额宝这个理财软件产生之后，银行需要用更高的代价把资金和货币从同业银行的存款那里吸收回来，这就是很不明智的一件事。解决这个资金问题最直接的办法就是放开银行货币利率市场化。因此，余额宝是在逼着银行进行改革，对银行利率市场化起到促进作用。换言之，马蔚华认定了马云的余额宝是一场对银行的革命。

并且，马蔚华半开玩笑半认真地对马云说："其实招商银行最大的对手不是其他银行，而是你马云。"同时他也认为，余额宝就是一个噱头，是马云联合媒体共同炒作的产物。

　　马蔚华的一席话得到了民生银行董事长董文标的强烈赞同。董文标毫不客气地说："不管互联网如何发展，人与人之间，面对面交流永远是最主要的交流方式。"后来，董文标更是不留情面地对马云说："马云，你不要都革命了，你也没那本事！"

　　董文标对这个问题的态度相当直接，他斩钉截铁地对媒体说："余额宝这个东西是炒作，有的是马云自己炒作，有的是媒体炒作。"并且董文标告诉大家，余额宝和"P2P"等对民生银行的业务确实有影响，但影响不大："这个东西大家不要担心，也不要担心我们成了末代恐龙或者什么家伙，那是忽悠的。我跟马云说你做虚的，我们做实的，一定要虚实结合，这样双赢。我们做实，同时我们也做虚，我们自己也可以虚实结合。不管到什么年代，你做虚的就是虚的，实的还是非常重要的。"

　　这年头，做互联网的，正将目光转向金融。做金融的，也在以复杂的心情关注着互联网。在"小微金融：亚洲的创新与实践改革"论坛上，坐在最后一排的记者的提问目标渐渐地锁定在两个人身上，一个是说话大大咧咧的民生银行董事长董文标，另一个是银监会的副主席阎庆民。而且记者的提问内容也都围绕着这么几点，那就是作为金融机构或者监管层，他们是如何看待传统银行和余额宝、"P2P"之间的竞争的。

　　作为银监会的代表，阎庆民告诉媒体：怎么监管？归纳起来四句话：一是适度监管，今后要定一些基本的、最低条件的监管，否则会使金融不公平竞争；二是分类监管；三是协同监管，使大家在一个监管平台上，这也将会是一种发展方向；四是创新监管，用互联网技术来提高监管的便捷效率，更重要的是打破传统。"

　　相对于董文标来说，阎庆民给出的观点更加专业一些，但董文标也不是不懂互联网金融，他是确确实实对传统银行未来的发展很担心，这也从另一个方面表明，风头正劲的互联网金融确实给传统的金融机构带来了巨大冲击。不论是互联网金融的虚，还是传统银行的实，孰胜孰败只能将来在金融沙场上见分晓。

对于董文标给马云的公开"警告"，以及他与马云之间的"恩怨情仇"，有知情人士开玩笑说："董文标是个粗人，其实他和那头马(马云)很亲密的，经常你捋他的毛，他尥你两蹶子的，大家别误会。"

除了马蔚华和董文标，就连耶鲁大学的终身教授陈志武也加入了"声讨"余额宝的队伍中。陈志武在博鳌亚洲论坛上指责余额宝钻了监管规则的空子。

当时的具体经过是这样的：因为陈志武是耶鲁大学的终身教授，所以他常常被大家要求比较中国与美国之间的差别。于是现场的记者就问他，四大银行拒绝余额宝协议存款，这个事情如果发生在美国，算不算垄断行为？

对于这个问题，陈志武立马斩钉截铁地说："'余额宝们'的成功与其说是因为利用互联网，倒不如说更多是钻了监管规则的空子。余额宝到目前为止从来没有提前预支或者提前退出过协议定期存款，但实际上，从监管的角度讲，没发生问题的时候用不着，没有流动性挑战的时候也用不着提前把协议存款给撤出来，但是一旦发生流动性事件，会对整个产品产生很大的影响。"

对于某些金融专家的态度，余额宝的广大用户有些为马云抱不平，因为大家不但没觉得余额宝跟其他基金有什么不同，反而比其他基金更方便、安全。有位用户表示："余额宝的价值不在于回报有多高，而在于是否对经济方面有实际价值，余额宝给了普通的老百姓一个可以随意选择的机会，而中国银行界几十年都没有给过大家这样的机会。"

在对余额宝进行的联合"围打"中，长江商学院的陈龙教授给出了较为中肯的分析。在陈教授看来，余额宝并不是一个金融创新，而是一种渠道和平台的创新，余额宝在本质上是一个货币基金。而货币基金是从2004年就在中国存在并且被承认的，而现在余额宝只是通过跟支付宝的结合，有了创新的平台和渠道。

陈龙教授还反驳了陈志武，说不能因为国家还没有针对互联网的产物进行监管，就指责余额宝钻了监管规则的空子，它的用户更没有钻监管空子的想法，余额宝作为一种货币基金，其本身的不确定性相对来说是比较低的，而且余额宝是一个很成熟的金融产品。

北京大学光华管理学院的张维迎教授也给出了自己对"最适宜的风险控制和监管机制"的看法。张维迎认为："政府监管并不是最合适的方法，从市场规律来看，市场有其自身检验的方式，这个应用到互联网很重要。政府过分监管会扼杀创新。创新本身是不可预测的，不能还没看见它的未来的时候首先扼杀了它。相比之下，用社会的智慧去不断提醒创新过程中可能出现的问题会更好。这样既不会过早扼杀创新，也可以借助社会和媒体监督提醒来避免新事物成长中遇到的风险和出现的问题。"

余额宝在博鳌亚洲论坛上成为焦点，其背后反映出的是电子金融业的异军突起。计葵生提出："用创新的方式监督创新，用互联网的手段监管互联网。互联网金融创新可以降低成本、提高配置效率、增加流动性，它的积极作用远没有真正显现出来。在这个过程中，更需要市场在自律及监管的结合上进行创新，需要更多政策面的关注和包容。"

对于余额宝在博鳌亚洲论坛上被各大银行联手围攻，马云表现得不是很在意。他对媒体说，博鳌亚洲论坛是不会踢死狗的。如果余额宝没有触动这些银行高管的神经，他们就不会千方百计地去围剿余额宝。各大银行高管在博鳌亚洲论坛的反应，恰恰说明余额宝的发展确实是日新月异，令人瞩目的。

四、就算死，也要死在冲锋的路上

对马云余额宝的联手"围剿"行动，银行已经势在必行。当时一共有四家国有大型商业银行的总行不接受与余额宝旗下天弘基金为代表的各类货币市场基金进行协议存款交易，同时也不允许各自的支行进行上述存款交易。

天弘基金的副总经理周晓明说，余额宝每天会向超过一百家银行发出协议存款的询价，其中也包括各大国有银行，但从过去一段时间反馈回来的情况看，余额宝跟各类银行均有合作，但与国有银行的交易确实非常稀少。

马云对于这次余额宝遭遇的联手围堵有些闷闷不乐，毕竟他没有向银行挑衅的意思，反而自己的余额宝对于银行也有一定积极的影响。马云不明白为什么可以双赢的事情会引起各大银行对自己的联合抵制。

天弘基金在获得各家银行的报价后，会从风险控制和报价两个方面进行选择。在风险控制方面，天弘基金拥有一份合作名单，这份名单里的银行都是和余额宝有合作意愿的，所以天弘基金的主要合作对象也是在这份名单中选取。对于报价方面，天弘基金自然是选择与报价较高的银行合作。

相对于股份制银行和城区商业银行来说，国有银行是大银行，资金渠道也比较多，一般情况下属于市场的输出方，对融进的资金需求相对较少。所以最初与余额宝合作的银行主要为股份制银行和城商行，从报价上来看，中小型银行对货币基金的存款的报价也比较高。

据悉，在此之前，面对余额宝这类产品带来的存款流失，各家银行的应对措施先是从限制购买余额宝的资金方面开始进行抵制，此举被业内人士称作是"被动节流"。除此之外，银行还会采取主动开源的行动，其中包括对一些传统的理财产品进行升级，把传统式理财产品变为开放式，并且主动推出了投资型货币基金。截至到现在，推出类似余额宝这样的理财产品的银行已包括平安银行、交通银行、工商银行、民生银行等大型银行。

但在2015年召开的两会中，监管层对于银行和余额宝的各种纷争进行了表态。除了互联网金融被写入政府工作报告外，中国人民银行行长周小川也已经明确表态："不会取缔余额宝等金融产品，只会加大对互联网金融的监管。"

银行确实不差钱，但是马云错就错在"怀璧其罪"，他的余额宝撬动了银行的奶酪，触碰了银行的利益。马云十分苦恼，他积极地跟各方面协调，可银行却丝毫不买他的账。

在那段日子里，银监会正在让各家商业银行上报"两率一致性问题"，期望通过各家中小银行的行业自律，取消当前电子理财产品享受的"提前支取协议存款，按定期存款计算收益、且不罚息"等特权。不过，天弘基金内部的一位高级管理人员说："这本来就是一种市场化行为，双方是基于信任，如果银行不喜欢基金公司提前支取存款，也可以选择不和该基金公司合作。"

就在余额宝遭遇银行联手大围剿的同时，余额宝在自身收益上开始节节下滑，并且下滑状态持续了20天。马云为后院起火的势头急得焦头烂额。不过，天弘基金高级策略分析师刘佳章却表现得挺淡定，刘佳章告诉马云："余额宝的定位应该就是现金理财工具，不可能长期保持6%的收益率，回归到4%左右的收益率是正常的。"

在七日年化收益率破"六"之后，余额宝七日年化收益率又连续下滑至百分之五点多，每万份收益仅为不到两元。在其七日年化收益率表格内，从表格起始时间2月26日，一直到3月4日，整个收益率曲线一路'滚铁环'。而这已经是其过去20天时间里连续下滑，仍然没有反弹的迹象。

对于余额宝七日年化收益率的持续下滑，余额宝方面表示，它自成立日（6月13日）到2013年底的年化收益率为4.9%，并且余额宝长期的收益率也将会在这一水平范围内上下波动。刘佳章说："从产品定位上，余额宝本来就是现金理财工具，收益率不可能长期高企。收益率下滑，令其回归到现今理财工具的定位上。"

总而言之，面对各大银行的联手围剿，马云非但没有惧怕、退缩，反而依旧我行我素，他认为余额宝是真正对人民生活有帮助的软件，是能帮助改善中国金融现状的软件，自己要坚持把这个东西做下去。

马云的一路创业，受到的质疑声和诋毁声实在太多，多得让他都已经逐渐免疫了，他说："市场不相信眼泪，更不怕质疑，怕的只是不公平。"然而，就算前路再艰辛，他也会义无反顾地走下去，余额宝就算没有未来，就算要倒下，那他也要倒在冲锋的路上。

第十章

纽约上市，中国新势力全球瞩目

一、山雨欲来风满楼，阿里与 UC "合伙"

2014年5月7日，马云对阿里巴巴内部的员工透露了阿里巴巴要在纽交所上市的消息，员工听后立刻就沸腾了。2013年，阿里巴巴在香港上市时火热的场面仿佛还印刻在大家的心里，没想到才刚过了一年，马云又要让阿里巴巴在纽约上市了！

"山雨欲来风满楼。"马云为了这次的纽约上市着实下了一番功夫，不仅把阿里巴巴公司搞得有声有色，还投资和收购了各行各业的大批产业。不论是体育、娱乐、金融，甚至是自己的同行都被马云拉到旗下为美国上市造势，其中比较出名的就是马云收购了UC、投资了恒大足球，以及投资影视界的事件。

我们先来看第一个事件，就是马云的阿里巴巴收购了UC。其实，这件事发生得很突然，就连阿里巴巴和UC的员工，在事后被问起来收购细节时，也很难在第一时间以"内部知情人士"的身份去跟别人讲述这件事。

在阿里巴巴集团递交的初版招股书里清清楚楚地写着：阿里巴巴集团持有UC股份，其比例为66%。而现在，UC转眼间就整体被阿里巴巴收购了，并且收购价格还创造了中国互联网历史纪录。据相关人士透露，UC市价在40亿到50亿美元之间。而UC也成为阿里巴巴继电子商务事业系列

和云技术大数据事业系列之后，组建而成的全新的业务集群，UC的首席
执行官兼董事长俞永福的职位也变成了阿里UC移动事业群总裁。

　　毫无疑问，收购价格肯定是其中的一个非常重要因素。业内流传着
阿里巴巴收购UC用了四五十亿美元，对比百度去年对UC的市值报价仅仅
只有20亿美元，收购价格最终翻了一倍还多。但科技圈的收购估值一直
都是只升不降的，本来就存在一个上行通道，每年的价格都不同。李彦宏
的百度，开出20亿美元的价格放在2013年也算是比较有诚意了，从变现
角度看也让人很难拒绝，如果UC当时想要收益和回报，那时其实就可以
卖掉了，但最后UC和百度双方还是没有谈拢。因此从这个角度看，钱是
非常重要的一个因素，但也一定不是最重要的。何况，俞永福自己也说，
UC是除了阿里巴巴之外，在没上市的互联网公司里是最有钱的，财务问
题UC方面就没有担心过。

　　其实，早在4月份的"全球移动互联网大会"上，俞永福就已经透露
出UC要被收购的信息了，因为他在大会上卖了个关子，说他做出了一个
重要的决定，根据时间点来推算，指的就是被阿里巴巴收购这件事情。
而且前一段时间，被俞永福称作UC下一个十年压轴型产品的"神马搜
索"，就是UC把阿里巴巴的"一搜"整合之后，焕然一新的产物。

　　还有更早前的UC浏览器PC版，其前身也是阿里巴巴的淘宝浏览器。
这些频繁的小整合，作为这起"中国互联网历史上最大的整合案"的伏笔
来说已经够多了。但是还有为数不少的业内外人士觉得"措手不及"。
因为俞永福还没有解释清楚以下两个问题：作为互联网行业的典型"变
量"，历来强调"独立"的UC，为什么最后还是选择了整合这条路，
进入巨头阿里的体内？又为什么抛弃了李彦宏的百度而选择马云的阿里
巴巴？

　　再想到之前，马云在招股书中表明，自己已经对UC浏览器进行了

两次战略投资，并且一共累计持有 UC 公司 66% 的股份。遍观所有阿里巴巴和UC官方商议的内容，全文没有一处使用了"并购""合并""收购"这样的词汇，而是统一采用"融入"这样的字眼，俞永福认定UC是一件"非卖品"，直到现在他都是这样认为的，但是他还是选择了把UC跟阿里巴巴进行整合。

俞永福说："整件事的决定速度是很快的。马云4月份的时候提了这个建议，我们这边进行了评估，'五一'期间我也想了很多，假期回来后不久就敲定了。'阿里 UC 移动事业群'除了整合 UC 浏览器、神马搜索、九游移动游戏、PP 移动应用分发、爱书旗移动阅读业务等UC自身业务外，还将负责阿里的 LBS 业务及其他相关性比较强的非电商入口平台级业务。"

俞永福就是这样一个骄傲又实在的性格，阿里巴巴给了他想要的自由和独立性，他才会放弃百度选择阿里。俞永福称收购UC与价格无关，他说："把 UC 团队作为合伙人，还是 UC 团队需要向你汇报，这是核心区别；你给我100亿美元，我也不接受汇报给谁。"

这就涉及了马云的平衡术，那就是收购UC的同时，保证UC的独立性。连俞永福自己都对媒体说过，UC公司的高管层都对UC旧情难舍。但再三思虑后，他们最终还是做出了一个负责任的决定，那就是将UC与阿里巴巴进行全面整合。

《中国企业家》有一篇文章，对于最终影响了俞永福和UC选择的根本原因，描述得比较到位："有一次聊天的时候，李彦宏谈到对于投资并购的态度，他说你看看Google和微软，他们基本上都是在收购公司，不占少数股权。这态度很明确，他以那样的公司为参照形成自己的观念。他对自己的判断非常自信，不受任何其他人影响，现在百度公司层面基本也没有人能够影响到李彦宏的决策。因此，即使百度和UC的战略发展高度协同，俞永福和李彦宏也是汇报关系，而不是合伙人关系。"

而这次，在寄给UC的内部信中，马云明确表示自己希望在UC内部找到"合伙人"。这意味着，马云虽然成为俞永福和UC公司名义上的老板，实际上，UC的发展方向和节奏却依然处于UC自己的控制中。从这一方面，我们也能看出马云的用人之道。俞永福在互联网行业打拼许久，经验自然十分丰富，而且考虑到UC公司在互联网这个领域内拼杀十年的战斗力，马云相信这么做是最好的结果。

其实，与此类似的事情在电子行业内已经有过很多先例了，比如UC公司自身，俞永福在当年用过同样的方式，以并购整合得到了"合伙人"，也就是现任的UC公司首席运营官朱顺炎，来到UC之后，他就全权负责公司的商业化和与游戏相关的业务。抛开UC不谈，从全球的互联网历史看，最著名的"合伙人"当属施密特，当年施密特被佩奇和布林从"Novell"挖过来，三人一起才组成了流畅运转的"Google三巨头"。

二、一起为纽约上市造势！

在"合伙"UC这一事件中可以看出，马云在举贤用能方面真的有自己的一套方法。比如在相处方式上，他与俞永福不是"老板和下属的关系"，而是"合伙人关系"，只是换了一个说辞，就可以既保证员工收益，充分调配资源，又能稳定地保持决策的独立性。俞永福被马云打动的最重要原因，可能就是这种微妙的平衡。

当然，马云的个人魅力只是促成双方合作的一个方面，如果没有业务上默契的配合，马云的个人魅力也不足以吸引UC加入。何况单纯从业务角度看，与UC公司最契合的非但不是阿里巴巴，而是互联网行业的另一个不容小觑的竞争对手——百度。百度却因为"神马搜索"和UC开始交恶，这个事件从侧面反映出，对于俞永福来说，马云是比李彦宏更合适的人选。

阿里巴巴和UC，完全是两个不同圈子里的事物。阿里巴巴的主力产品线群与UC的业务大相径庭，所以阿里巴巴和UC在利害关系上的直接牵连度没那么大。从另一个层面上来说，这次的整合基本不会涉及UC原有的团队和架构。更何况，若把互联网世界比作一条长河，那么UC公司的业务基本上全都在河的上游，也就是以线上的基础业务为核心的搜索引擎，而阿里巴巴则占领了下游的业务，比如广告和电子商务等，其中的支付宝还真正做到了线上服务线下的功能，比如打车、实体店收付款和餐饮等。

那时候，互联网的争夺战大部分发生在河的上游，因为这一块争夺地盘的企业太过密集，很多家业务关系错综复杂。因此，上游公司之间的收购或兼并，整合后的契合度会比较低，收购之后也要剔除相当大的多余资源，以优化效率结构。而马云的阿里巴巴则不同，虽然它也是一个线上企业，但因为主要业务还是处于河的下游，所以早期竞争优势很大，布局发展相对顺畅。

尤其在战胜eBay之后的几年里，阿里巴巴集团在电子商务领域基本处于"竞争真空期"，因为那时候京东和苏宁易购等电商都还不成规模，而腾讯公司的电商跟阿里巴巴更是没有可比性。因此，阿里巴巴避开了上游企业之间惨烈的竞争，比如周鸿祎和马化腾的"3Q大战"、俞永福和马化腾的"UQ大战"等，那时候几乎没听说过阿里巴巴和谁打起来了。

然而接下来一段时间，随着移动互联网的飓风席卷全球，腾讯公司的"微信"迅速崛起，从长河的上游向下游急速扩张，阿里巴巴面对的竞争强度突然由空白到大幅提升。2014年年底开始，阿里巴巴与对手之间进行了数次"战争"，比如著名的"打车大战"和"移动支付大战"等，加上微信支付与京东强强合作，也让阿里巴巴开始正视并完善上游的线上业务布局。

这时候，UC在互联网上扎根10年的战斗力对阿里巴巴来说是迫切需要的，UC浏览器在全球坐拥5亿多用户群，并且还有国内最大的安卓网络游戏联运平台——九游，同时还有最大的iOS移动应用分发平台——PP助手，这些都能在很大程度上缓解腾讯微信对阿里巴巴的强力冲击。

业内盛传这样一句话，说UC公司对于阿里巴巴来说，就如同微信对于腾讯一样重要。其实，这样的类比是很不恰当的。因为腾讯公司有两项业务非常强，那就是社交软件和游戏软件。微信跟腾讯QQ等业务相比，基本就是业务平行的关系，微信和QQ是腾讯公司两条不同的通信业务线。而UC公司跟阿里巴巴的业务却是十分明显的互补关系，双方取长补短，这对阿里巴巴来说至关重要。

其实，互联网行业主要就分为电商领域和非电商领域这两种。阿里巴巴不论是人才还是技术方面，在电商领域都很出色，而腾讯公司则是在非电商领域摸爬滚打多年。双方因为基因问题，每当踏入对方领域时，采用的手法大多都是投资和并购。

UC公司在过去的十年里坚持把自己定位成"用户的入口平台"，而浏览器、搜索引擎、游戏应用与开发是UC的三大支柱业务，都是为第三方内容提供电商服务的。同样，只有UC公司在非电商领域的人才和技术，才能够帮助阿里巴巴完成从电商到非电商之间质的跨越。

与UC进行整合，对马云来说可谓是好处多多，那么对UC有什么实质性的好处吗？当然有。对于主要业务全集中在搜索引擎上的UC公司，这次的合作好处也远不止高额的现金收益那么简单，对UC公司诱惑最大的就是其之前从来没有染指过的下游领域。阿里巴巴庞大的下游资源和运作能力，是UC公司即便快马加鞭也望尘莫及的。

在UC能够获得的好处中，还有一种是隐性资源，就是品牌。作为移动互联网企业，UC主要角色是一个平台，它的产品也都是以接连第三方内容为核心的。虽然UC的品牌仍然保持着独立性，但阿里巴巴的加入对于UC公司的知名度来说肯定是有加成的，并且阿里巴巴背后庞大的资源可以给UC公司带去更多的可能性和业务发展空间。

当然，商界就是这样，你的朋友也许就是别人的敌人，所以UC和阿里巴巴友情升温的同时，敌人也在悄然增加。虽然阿里巴巴和UC公司是一次战略性的整合兼并，但双方都在各取所需，互相取长补短，发展自己。可是战略就是战略，等落实到细化方面的协同合作上，应对外界竞争力日渐严酷的产业环境，阿里巴巴和UC公司还有很多挑战要去面对。

马云不但收购了UC，还进军了娱乐界和体育界。马云的性格就像一只八面玲珑的孔雀一样，在尝到《天下无贼》的甜头后，马云与华谊兄弟迅速展开了合作，并保持着长期友好的关系。

当时，马云投资华谊兄弟后，一年就亏了两百万元。马云发现华谊兄弟的老板不但在做电影，同时还在卖广告，甚至卖宝马，连制药业和建筑业他们都插了一手，马云一度觉得这太不敬业了。结果呢，华谊兄弟搞的这些副业虽然不赚钱，却很容易融资，也正是这一点，在创新和开阔眼界方面给了马云很大的启发。

不但投资了娱乐界，连体育界马云也有介入。篮球巨星科比就让马云成功地上了一次体育版的新闻，要知道马云以前一直上的都只是经济版。

不单篮球，就连乒乓球女王邓亚萍都跟马云有着愉快的往来，并且马云高尔夫打得也不错，他甚至还给恒大足球投资了一大笔钱。就这样，马云迅速占领了国内外各行各业的板块，为阿里巴巴在纽约的上市造足了声势。

三、中国新势力漂洋过海，震惊全球

2014年9月19日，北京时间21点30分，也就是美国早上6点多，阿里巴巴集团正式在纽交所挂牌上市了。和普通公司不同，阿里巴巴集团的敲钟人并不是公司的高管，也不是马云本人，而是阿里巴巴的8位客户。

据相关人士透露，这8位客户早就收到了邀请，去参加阿里巴巴在美国的上市仪式，但是直到上市的前一天才知道，上市当天会由他们来进行敲钟。相关人士还称，马云在几个星期前就已经决定了自己不参加纽交所的敲钟仪式。

这8位客户也并不是随机抽选的，而是十分具有代表性的8类人群：

劳丽诗，中国跳水运动员，奥运冠军，现在开了一间淘宝店做店长；

黄碧姬，从阿里巴巴旗下论坛上成长起来的云客服，也是一名90后大学生；

何宁宁，担任淘宝模特的同时，还是一位自闭症儿童教师；

王志强，致力于带动家乡互联网商业发展的农民店主；

王淑娟，以互联网商业带动地震灾区灾后恢复发展的海归创业者；

乔丽，拥有"淘宝博物馆"的十年资深用户；

窦立国，快递小哥，边送快递，边为贫困地区收集旧衣旧书，并建立了两座乡村图书馆；

Peter Verbrugge（皮特·威尔布鲁格），来自美国，想通过天猫将美国的车厘子卖给中国的农场主。

可以说，上市敲钟这件事是企业和交易所最盛大的庆祝仪式，阿里巴巴却选择了这种形式，这不但是全球独一份的敲钟方式，也是马云想让自己的客户和员工共同分享这一盛况。马云的这一行为也体现出阿里巴巴的宗旨：客户第一、员工第二、股东第三。

相对于敲钟来说，投资者更关注阿里巴巴公司的开盘价。漂洋过海，这家来自中国的公司，能否在大洋彼岸受到全球投资者的认可呢？阿里巴巴在纽交所终于完成了自己的第一笔交易，开盘价最终确定为92.7美元，相比纽交所发行价的68美元暴涨了36.3%，让很多投资者望而却步。

而阿里巴巴的市值也高达2383亿美元。截至9月19日收盘时，阿里巴巴的首日收盘价锁定为93.89美元。若是放在国内市场，阿里巴巴集团市值已经超越了所有人民币普通股票的上市公司。

而在国内互联网三巨头（阿里巴巴、腾讯、百度）中，阿里巴巴集团的市值已经超过腾讯公司（以当日的收盘价来计算，腾讯公司的市值为1512.4亿美元）和百度公司（截至当日22时，百度公司市值为800亿美元），成为中国市值最大的互联网公司。本次IPO同时也超过脸书，成为美国最大的一单IPO，阿里巴巴也成了仅次于谷歌的全球第二大互联网公司。

我们在招股书上可以看到，阿里巴巴这次IPO一共发行了3.2亿股的美国存托股，也即是常说的ADS，阿里巴巴集团将销售ADS里的1.23亿股，而献售股东则销售剩下的1.97亿股。除此之外，阿里巴巴集团还特别赋予了承销商最高4800万股的美国存托股的超额认购权。

以纽交所的发行价68美元计算，阿里巴巴集团此次发行了3.2亿股的ADS，可以募得217.6亿美元，这个数字也超过了全球信用卡巨头维萨公司在6年前以196.5亿美元创造的美国股市的最高融资额。如果将4800万股的超额认购权全部行使完，阿里巴巴公司这次的IPO总募资额就能达到250亿美元，也将超过中国农业银行在4年前上市时创造的221亿美元的全球最大融资额，摇身一变成为新的"全球第一募"，这也让马云登上了中国内地新首富的宝座。

除了阿里巴巴在纽交所上市大获成功外，马云还为阿里巴巴制定了未来发展的蓝图。在纽交所现场接受CNBC专访时，马云谈到了对未来发展的畅想，那就是在15年内超过沃尔玛，能够让阿里巴巴跟微软相提并论。

马云说："我想告诉投资者，我们会相信你，你们也要相信我们，相信市场。"马云给大家讲了一个小故事："14年前，我问过我妻子一个问题：'你想让你的丈夫成为一个富人还是一个受尊敬的商人？'我的妻子这么说：'当然是受尊敬的商人，因为我从来没想过你会成为富人。'这句话让我一直记忆犹新。"当时微软公司的市值约3860亿美元，而沃尔玛市值为2476亿美元。其实，如果承销商行使4800万超额配售权完毕，以开盘价计算，阿里市值已经超过沃尔玛了。

马云的风投人孙正义也出现在阿里巴巴纽交所上市的现场，孙正义告诉大家，上市只是一个辉煌的开始。他在纽交所接受记者采访时说："从十多年前首次接触开始，我就对马云和阿里的梦想深信不疑，这是我最值得骄傲的投资，马云也是我的挚友。"

这番话说得很诚恳，让人不由动容。在谈到阿里巴巴未来股价的走势和海外市场的前景时，孙正义说："上市只是阿里巴巴辉煌的开始，阿里巴巴的海外之路也才刚起步，我相信阿里巴巴和马云还有更多的神奇。在此次阿里上市中，软银没有抛售所持的阿里股份。我们不会出售阿里股份，这次不卖，以后也是，无论股价是否有变化，软银都会是阿里最坚定的支持者。"

就像自己对记者说的那样，14年前孙正义的软银向阿里巴巴投资了2000万美元，并且在中国互联网经济泡沫时期都没有撤资，而如今，当初的2000万美元已经变成了500多亿美元，并且孙正义还持有阿里巴巴34%的股份。也因为孙正义的软银公司所持阿里巴巴的股份，让他成为日本的首富。

阿里巴巴公司顺利上市后，它的市值就仅仅次于谷歌，一跃成了世界上第二大的互联网公司。不少专家表示，在过去的十年间，阿里巴巴、腾讯、百度等中国互联网企业的高速发展，使得中国互联网企业与硅谷企业的差距不断缩小，互联网势力正在逐渐往亚洲发展。

美国著名的红杉资本主席迈克尔·莫里茨在自己的文章中指出："互联网权力格局将因阿里的上市而重新洗牌。技术世界的权力平衡正从美国倒向中国，阿里巴巴的IPO为此提供了无可辩驳的证据。阿里IPO之后，将使其成为世界排名第五的最具价值的TMT公司（技术、媒体和电信公司）。30年前，排在前50位的TMT公司几乎全部来自美国，但今天，美国的份额下降到了66%，而中国公司则从30年前的微乎其微升至如今的10%。"

在阿里巴巴纽约上市的光环下，很多欧美媒体都对中国乃至亚洲互联网企业的高速发展表示惊叹。就像美国《华尔街日报》的文章说，虽然美国硅谷在互联网这个行业里仍是龙头老大，但阿里巴巴这次在纽交所的上市成功表明，互联网发展正不断向亚洲偏移。

英国华威大学商学院的教授王青说："像阿里巴巴和腾讯这样的公司，与美国公司的差距确实正在逐渐缩小，这得益于中国巨大且快速成长的市场，也得益于其公司自身的创新能力。尤其是阿里巴巴今后还将在很多领域保持创新姿态，吸引新的消费者。这将帮助阿里巴巴进一步开拓海外市场，逐渐打破美国在世界技术领域的主导地位。"

这次阿里巴巴在纽交所成功上市，不仅是阿里巴巴公司自己的成功，也是中国互联网界的一次神话。正如《华尔街日报》专栏作家安德鲁·布朗所说的那样，阿里巴巴将西方已有的商业模式本地化后，建立了庞大的电商帝国，彻底推翻了西方人关于"中国不能创新"的固有思想。

阿里巴巴通过支付宝，成功地构建了信任框架，这也为互联网商务在中国市场的繁荣发展开辟了道路。事实上，阿里巴巴已经不仅仅是一家互联网商务公司，而且早已成为中国金融行业的一员。阿里巴巴旗下支付宝的微型金融服务——余额宝，还为广大用户提供小额度金融产品。

发展至今，余额宝已经成为中国最大的一只公募基金，在余额宝上参与投资的用户已经超过4300万。所以有报告称："阿里金融的快速成长和崛起将会带动金融同业机构参与竞争，从而推动传统金融体系的创新和发展。"

《华尔街日报》还指出，中国有很多创新性十足的企业，它们的创新都不是来自于灵感的一闪而过，而是在一系列的阶梯状的变化中不断发展起来的。阶梯式的创新能够形成一种良性循环，不但能让产品的价格更低，而且使产品更容易获得，这对世界上其他国家的企业来说也是具有革命性意义的。

那么很多人会有疑问，阿里巴巴在美国上市后，公司里到底是谁当家呢？是否整个公司还会由马云做主？其实马云在阿里巴巴一直都处于核心地位，但是阿里巴巴采用的是"合伙人制"，也就是说合伙人将会掌握大部分的决策权。从企业经营长远角度来讲，这样的管理机制更有利于企业本身的发展。

此外，在电子商务服务平台上，阿里巴巴也会扩大并且提高产品的品类和服务。也就是说，淘宝一直做的是轻品类，在其他产品上其实并不占什么优势。但是纽约上市之后，阿里巴巴将会花大量精力去打通重品类流程，这对阿里巴巴和平台上的商户来说，又会是一次机遇和挑战。

　　阿里巴巴在美国的顺利上市，也对淘宝网的买卖双方有着积极的影响。因为它的经营会更加透明，各种竞争力弱、素质不高的中小卖家，都会在阿里巴巴上市之后被重点整顿和清肃。并且，阿里巴巴上市后，互联网商务平台的门槛也将提高，审核和管理也会更严格。阿里巴巴对山寨产品的打击力度也会越来越大，竞争也将更加激烈。

四、阿里，新一代造富工厂

　　1999年秋天，在杭州西湖边，一个名叫"湖畔花园"的普通住宅内，包括马云和妻子张瑛，以及他的朋友和学生等在内的18名年轻人共同出资了50万元，开始创业，当时马云就豪情万丈地对大家说："我们要做一个由中国人打造的世界性公司。"

　　甚至在想公司名字的时候，马云也一直在想一个国际化的好名字。（各国语言对"阿里巴巴"的发音是一样的，而且大家都知道阿里巴巴的故事。阿里巴巴是一个愿意帮助别人的年轻人。）

　　在15年的艰苦奋斗后，阿里巴巴终于站在了世界级的舞台上。马云不仅证明了自己"芝麻开门"的造富神话，也让他那句"让天下没有难做的生意"在全世界刮起一阵阿里旋风。

　　阿里正式登陆纽交所，其造富效应也引人瞩目。公开资料显示，马云持有阿里巴巴2.06亿股份，除去慈善组织的股份，以开盘价计算，马云持股市值也有约157亿美元。

　　有专业人士做了一项计算，马云在支付宝公司还持有7.3%的股份，由于雅虎和阿里巴巴的问题，使支付宝独立于阿里巴巴集团之外。业内人士推算，支付宝的这部分资产上市后市值保守估算也会超过100亿美元。那么，马云的财富至少会超过250亿美元，超过王健林一跃成为中国内地的新首富。

阿里巴巴在纽约上市的当日，杭州城一早就下起了大雨，但是丝毫没有阻碍人们狂欢的激情。晚上9点30分，阿里巴巴上市的钟声在大洋彼岸敲响，阿里巴巴杭州城总部灯火通明。在公司的中央园区里，巨大的露天舞台早已搭建起来，阿里人在舞台上沉浸在激情狂欢的氛围里，阿里巴巴的员工轮番上台，有的唱歌，有的跳起了舞，借此来表达自己心中的无限喜悦。

如果你当时在现场看见眼前那些衣着光鲜的狂欢人群，真的很难想象在15年前，甚至是8年前、5年前，这些人还是从学校及各行各业奔到西湖边，在阿里巴巴最贫困的时候加入的。在阿里巴巴纽交所上市的那一刻，这些阿里人的个人财富也发生了翻天覆地的变化。

不得不承认，阿里巴巴确实是名副其实的造富工厂。这些阿里巴巴的员工大多工作不到十年，却因为马云的英明带领和阿里巴巴的上市而得到意想不到的回报，这份回报是很多同龄人需要花一辈子或者几辈子才能挣到的财富。

早在上一年，阿里的员工就知道阿里会在今年上市，大家对于各自的财富，通过长时间的消化，已经变得能泰然处之。在阿里巴巴的食堂里，你随便坐到哪儿，可能都会听到几个技术员讨论在杭州的哪里置地买房，而他们的期权都可能价值千万。

按照之前说好的，此次阿里IPO，股东会抛售大约1.97亿股的美国存托股票，其中，雅虎是阿里巴巴集团股份持有者，也是此次股权的最大售出者，将会出售1.217亿股的阿里巴巴股份，由此获得了超过80亿美元的收益。售股完成后，雅虎公司仍然持有大约16.3%的阿里巴巴集团股份。日本软银集团不献售，所持股占比仍为34.1%。所以，孙正义的软银集团仍然是阿里巴巴的最大股东，也是此次阿里巴巴纽约上市后的最大受益者。

如果阿里巴巴集团的未来不出现严重衰退或者决策失误，马云将会长期占据中国内地首富的位置，并且马云218亿美元的个人身价在世界富豪榜上也可以排进前30位，甚至和索罗斯等人相差无几。

不仅如此，根据阿里巴巴市值，阿里巴巴联合创始人兼董事局副主席蔡崇信的个人资产也会超过50亿美元。蔡崇信在阿里巴巴的持股比例仅次于马云，他也是帮助马云建立合伙人制度、帮助阿里巴巴在创业初期获得孙正义的日本软银投资和高盛天使投资的灵魂人物。

然而，备案文件并没有具体说明高管所持股份的份额，但据知情人士透露，阿里巴巴公司除了马云和蔡崇信以外，还有5名高管持有阿里巴巴股份总额的1%，这5人分别是阿里巴巴首席执行官陆兆禧、首席运营官张勇、首席财务官武卫、首席技术官王坚，以及阿里巴巴法律总顾问提摩西。按照2300亿美元的市值计算，这5人可以通过IPO获得超过10亿美元的股票。

马云在业内最出名的不仅仅是他的超常思维，更是他的人品。马云有一句话经常挂在嘴边，那就是"财散人聚，财聚人散"，他不是一个自私的人，比起把所有的钱都装进自己口袋里，他更喜欢把钱拿出来大家一起共享。

阿里巴巴创业初期，马云就实行员工持股和全员期权制，并且为了员工持股的事情还跟孙正义闹过冷战。此次阿里巴巴纽约上市后，阿里员工获得了解禁股出售权限，这就意味着新一批的百万富翁和千万富翁将在阿里巴巴诞生。不仅是经理，就连软件工程师、销售和营销员工及支付宝这样的关联公司都能从IPO之后的解禁股套现中受益。有机构统计，阿里上市后，其员工通过套现股票可获得400多亿美元。

在阿里巴巴向证监会提交的文件中我们可以看出，自从1999年阿里巴巴创立以来，通过股票期权和刺激性奖励等几个方面，阿里巴巴的在职员工和前员工一共持有阿里巴巴公司26.7%的股票。但是在这份文件中，阿里巴巴并没有透露出这些股票是由哪些员工持有，也没有说持有股票的具体人数。

保守估计，普通员工的持股率就高达30%甚至40%。值得一提的是，有位员工曾经在百度公司工作过5年，百度公司的员工持股率却很少，全部加起来也只有不到2%。

《北京青年报》也有过报道，尽管现在阿里巴巴有将近两万名员工，却并非人人都有股份，主要是当年跟着马云一起创业或较早来阿里巴巴的老员工持有股份，而且他们每人手里差不多都有个两三万股。不但如此，阿里巴巴在近几年对外招聘的一些高级人才，比如职级在P8以上的管理层或技术层人才，他们手里的股份也在2.5万股以上。这些持有2.5万股阿里股票的员工，身价也会超过千万。

对于那些不会炒股的员工，阿里巴巴还有专门的一个部门帮助员工处理他们所持有的股票。对于这次阿里巴巴公司在纽约的成功上市所带来的财富，马云很淡然地说，这是阿里巴巴的员工靠自身努力所取得的结果，也是当年信任他、信任互联网这个行业的结果，这些员工相信马云的电子商务能够服务到这个社会，并且在公司最困难的时候选择加入阿里巴巴。

马云说："今天是工资，明天是资金，后天是每个人手中的股票。只有员工富了，阿里巴巴才能有更好的发展。我不怕员工富，就怕员工穷。"

有人认为，如何应对公司上市之后的富豪们的新理想，已成为马云最棘手的课题。可以预料，一定会有人功成身退，还会有人拿到真金白银之后去自己创业。对阿里巴巴来说，最好的结果自然是这些成功人士将钱拿去做中国互联网的创业孵化基金，而不是自己离开公司去创业。

2012年脸书IPO也曾滋生了一批富翁，其中一些人将钱花在了预定私人太空旅行、到中美洲古代玛雅遗址探险上。而根据媒体的报道，有的谷歌股东在套现股票后环游世界，有的创办了纪录片公司，有的则开起了注重健康的咖啡馆。

马云曾在写给员工的内部邮件中称，"会有专门部门协助处理你们的股份"，提醒大家"处理好个人财富，照顾好家人的同时回报社会做些捐助"。

第 十 一 章

后上市时代，踏浪前行

一、阿里要做 102 年的企业，横穿 3 个世纪

关于阿里巴巴的辉煌成果，大家都是有目共睹的，至于创业背后的辛酸，也只有阿里巴巴内部人自己最清楚的。阿里巴巴的过去已经留存在了回忆里，未来却有千百种可能。

马云对阿里巴巴的希望，就是能做102年的企业。那么，马云为什么单单选择这个数字呢？

阿里巴巴的公关总监王帅的一段话就是最好的解释：当初我们提出来阿里巴巴做一个80年的企业，在中国来讲，做百年老店，其实马云觉得80年更符合人生理的周期，去年在5周年的时候我们把阿里巴巴定义为做102年的企业，为什么叫102年呢，我们是1999年成立的，20世纪有1年的经历，我们再过21世纪，下个世纪再过1年，这样我们是中国很少横跨3个世纪的公司。

"大家可以看到，包括淘宝网、雅虎、阿里巴巴创新手段是层出不穷的，很多营销的手段实际上一定要围绕战略的重心，企业将来要成为什么样子，在这部分我认为创新只是一些手段，围绕中心的手段，手段可以层出不穷，但是阿里巴巴将来成为什么东西，它的战略是什么，可能这个东西我们会非常一致做下去。

"实际上马云到处开会，他也经常让我们出去，我很少出去开会，所

以很紧张，他把这个行为叫作开天眼。在公司里，你不可能跟这么多好的品牌，这么多高手在一起冲撞思想，所以他说我们经常走出去参加各种各样的论坛，去学习，去开天眼。"

自从阿里巴巴在1999年成立，再到在纽约成功上市的这段时间里，其实它还有很多次上市的选择和机会，无一例外都被它放弃了。因为在所有互联网公司都在追逐资本的时候，阿里巴巴却在冷静地观察着这个行业的情势，保持清醒的头脑，时刻准备，厚积薄发。

作为一家公司，阿里巴巴当然愿意上市，它却不愿意因为鲁莽而失去更好的发展前途。因此，阿里一直在等待最合适的机会。

在阿里巴巴刚刚成立时，马云就对大家表过态："阿里巴巴要在3年内冲到纳斯达克。"但是，就在第二年年底，众多互联网公司都争先恐后地奔去纳斯达克上市时，马云却按兵不动了，而且还宣布阿里巴巴公司短期内不会上市。

马云清楚地意识到了自己真正想要的是什么，让阿里巴巴上市并不是终极目标，在网站还没有大的盈利时，阿里巴巴是不会上市的。

除了2000年，阿里巴巴在2003年也有一个上市的机会，但是马云依然选择了放弃。不是马云不希望阿里巴巴早些上市，而是他周全地考虑到，公司才成立4年，而员工又非常年轻，缺乏经历大事的经验，当时阿里巴巴员工的平均年龄只有27岁，所以马云果断地看出这不是上市的最好时机。

马云说："如果今年上市只能支撑10元的股价，而3年后可以达到30元，那就要等到3年后再上市。阿里巴巴盈利非常好。公司就像结婚一样，好不容易有了好日子，生个孩子又苦了。所以我们打算结婚后多过几天好日子。今天我觉得我们自己的内功还有待加强。我向往上市，并没有不屑一顾。"

到了第二年，也就是2004年。阿里巴巴已经发展成了国内互联网企业的首位，并且孙正义的软银集团再次向阿里巴巴投入了8000万美元，在人们都认为阿里巴巴的能力一定能上市的时候，马云还是认为阿里巴巴的上市时机没有到来。他认为，当前最重要的事情是把阿里巴巴做得更加完美，并且让客户有更好的体验。

马云说过："对眼下的阿里巴巴而言，做大做强比上市更迫切，与其迫于竞争压力和舆论压力被动上市，不如不上市。不上市你面对的是5个投资人，你上市就要面对5000个投资人，上市后不可避免地要应付每个季度的报表，它可能会让我们放弃更长远的策略。"

2005年，阿里巴巴做了一件让行业内外的人士都瞠目结舌的一件事，那就是阿里巴巴公司收购了雅虎中国，阿里巴巴的这一举动又将人们关注的焦点引到了阿里巴巴上市的问题上。当时就连最资深的专家都认定马云收购雅虎中国就是为了它的上市所造的声势。然而这一次，马云又一次否定了所有专家对阿里巴巴即将上市的猜测。

因为那时候，阿里巴巴就已经决定自己要做102年，而现在才刚刚走了6年，公司还相当于一个幼童，如果此时贸然上市，就极有可能因为"年幼"而付出惨痛的代价。这是马云绝对不愿意见到的。此外，马云还考虑到了就业方面，因为阿里巴巴曾经因为急速扩张而不得不选择大裁员，让马云深感愧疚。

2004年，中国进出口的总额1万多亿美元，其中，有100万美元的进出口收益是通过阿里巴巴这一家公司实现的。并且，在中国的1300万家企业中，有大约一半以上的企业都是阿里巴巴的客户。从这里也能看到，虽然阿里巴巴还很年轻，还不是一家大企业，但潜力空间很大，同时危机和挑战也很多，就像"蚂蚁"一样。

在这种情况下，阿里巴巴公司必须按照自己所定好的节奏，一步一个脚印踏踏实实地走下去，不能冒进，也不能止步不前。阿里巴巴一旦上市，就要对所有的投资者负责，不能因为公司发展得还不够成熟就损害投资者的利益，也不能让阿里巴巴受到资本市场的影响，这样对阿里巴巴的业务发展是相当不利的。

这种情况一直持续到了2007年，随着阿里巴巴的子公司淘宝网公司和支付宝公司在市场上占有的比例越来越大，阿里巴巴真正地过上了"好日子"，马云才开始考虑上市问题，以此来获得互联网商务的长久发展。马云说："只有产业链建立完善起来后，才会让电子商务得到长期的发展。为企业建立产业链进行融资，上市是一个好的选择。"

从互联网行业的外部条件来说，阿里巴巴的上市其实有一个很好的契机。马云一直把2009年之前的一段时间称为"为电子商务打基础"的阶段，因为在2009年的时候，中国的互联网商务环境开始走向成熟，并且处于高速发展的状态中。而且有分析称，2008年8月前后，这一段时间里的全球资本市场形势良好，有很多企业都想在这个时间段里上市，以此来提高自身市场评估值。所以阿里巴巴也打算着搭上这班顺风车，为自己的发展打下一个良好的基础。

从互联网行业的内部条件上分析，虽然阿里巴巴目前的盈利方面没有什么问题，但因为挑战和机遇总是并存的，从长远来看，公司还是面临着很大的危机。国内的中小型企业数量的爆发期已经过去，所以阿里巴巴营收的爆发性发展时期也同样成了过去式。

与此同时，淘宝网的C2C模式也一直贯彻着免费策略，所以这个子公司不但没有给马云的阿里巴巴带来盈利，反而还要让阿里巴巴总部不断地给它补贴，那时的雅虎中国也同样面临亏损，并且亏损相当巨大，这些原因都直接对阿里巴巴公司的发展产生了不利的影响。所以，阿里巴巴迫切需要这样一个契机，就是通过上市来解决这两项烧钱的融资问题。

阿里巴巴放弃了美国而选择在香港上市，这不但是阿里巴巴第一次上市的直接融资，也是阿里巴巴第三次战略大融资。通过这次在香港的成功上市，阿里巴巴完美地拉开了全球扩张的大帷幕，也正式启动了阿里巴巴公司进军世界互联网行业前沿的伟大征程。

然而，面对阿里巴巴在香港上市的巨大成功，马云的头脑依旧很清醒，他说："上市只是一个加油站，目的是为了走得更远。阿里巴巴上市的最大意义在于获得一个持续融资的机会，重建一个与投资者、利益相关者分享回报的利益机制。此次上市不仅为阿里巴巴加满了资本的'油'，而且也为其带来了不少将才，也有助于阿里巴巴加速国际化进程。"

二、阿里巴巴与世界互联网大会

2014年互联网大会网站架设初期，把国家互联网信息办公室主任鲁炜、阿里巴巴董事局主席马云、腾讯董事局主席兼首席执行官马化腾列上演讲名单，迅速起到了吸引"群雄"聚集的作用。

当初，阿里巴巴在"西湖论剑"时，马云还要请金庸先生来为公司造声势，转眼间，自己已经成了世界互联网大会的声势标志，这让马云颇有些感慨。

国家互联网信息办公室主任鲁炜还在大会上说："全球新一轮信息革命已经来临，2014 年，全球网民达 30 亿，人类社会全面进入互联网时代。中国作为最大的发展中国家，拥有世界最大网民群体，网民总数占世界的五分之一，理应为世界搭建一个具有广泛代表性的开放平台。"

这次中国乌镇的世界互联网大会，除了马云这样的本土互联网大鳄外，还邀请了将近一百个国家和地区的政要，包括一些国际组织的代表，以及一千多名各大企业的高管、网络精英及专家学者参加这一全球互联网界的盛会。这次大会上的外国嘉宾占了总人数的一半还多。

其中著名的还包括爱尔兰前总理伯蒂·艾亨、俄罗斯总统助理伊戈尔·肖格列夫等外国政要，美国信息技术产业理事会总裁兼首席执行官迪安·加菲尔德、互联网名称与数字地址分配机构总裁法迪·切哈德等国际组织代表，世人耳熟能详的还有马云"背后的男人"孙正义，美国"八大金刚"思科、IBM、谷歌、高通、英特尔、苹果、甲骨文、微软等的负责人，以及硅谷最有"权势"的人LinkedIn创始人雷德·霍夫曼、FaceBook（脸书）的相关负责人。

国内方面，阿里巴巴的马云、腾讯公司的马化腾、百度公司的李彦宏、中国联通掌门人常小兵、京东创始人刘强东等悉数到场。大会采用了演讲和沙龙相结合的方式，还设置了国际互联网治理、移动互联网、互联网新媒体、跨境电子商务、网络安全、打击网络恐怖主义等十三个分论坛。各位互联网业界人士都可以在这个平台上交流思想、探索规律、凝聚共识。

宽带资本的董事长田溯宁在大会上发言："今后20年，互联网将改变和塑造所有的产业，银行、医院、教育、交通这些所谓关键领域都要被互联网化。如果过去20年我们经历的是消费者互联网时代，未来20年我们将迎接产业互联网时代的到来。未来一头牛都有可能被互联网联系起来。"

因为投资阿里巴巴并取得重大成功，日本软银集团董事长孙正义被越来越多的中国人所熟知。"2018年计算机的容量将超过人类的大脑，这个未来是不可想象的……在300年以后，我们可以肯定地说微处理器会比人类的头脑更加聪明。"马云"背后的男人"孙正义也在会议期间进行了大胆的预测。他还说那时候的苹果手机大概已经出现第32代，手机也可以储存五千亿首歌曲，并且世界上所有的事情都会通过云技术连接起来，每个人身上可能会被连接上千个设备，无论是手提电脑还是衣服、鞋子都有可能被互联网联系起来。

马云针对网络隐私这一热点话题给出了自己的看法，他说："互联网时代的隐私不会出大问题。我相信10年以后人类一定能解决隐私问题，我的理由是：第一，人类会适应。第二，大家都担心的这条路不会出交通事故，大家觉得没交通事故的地方才会出交通事故。"

三、互联网金融 3.0 时代的生存之道

凡事都有两面性，互联网也不例外，它在带来机遇的同时，也会在网络安全、金融监管、新媒体生态等领域带来一系列的危机。除阿里巴巴外，其他参与世界互联网大会的企业也纷纷对互联网时代进行了讨论。

新华网总裁田舒斌说："移动互联网驱动媒体生态发生了裂变，人人握有麦克风、人人掌有话语权就更需要全民素质作为基石。约束自律，把好麦克风，自觉维护媒体的公信力。"田舒斌提议，业界有必要对新媒体生态状况进行一些反思，采取措施防止不良网络生态。网络安全问题需要向国际学习。

中国网络空间安全协会专家杜跃进说："现在从政府到老百姓，都很关心网络安全问题，这也是一个好的迹象，整体上，防御比进攻更难，全世界范围来看，我们还有很多东西需要向别的国家学习。"确实，对网络空间执法力度的加强已经迫在眉睫。中国传媒大学政法学院副院长王四新在"网络空间法治化"分论坛上发言称："加强网络空间信息管理的法治化，加强对于违法、有害信息的管理和执法力度，已经迫在眉睫了。"

不仅网络空间要进行严密地监管，就连金融监管都要互联网化。微众银行行长曹彤在峰会上针对互联网金融监管提出了自己的想法："对于这种新模式，金融监管要互联网化，互联网金融内在的自身特征实际上也在

呼唤着一种全新的相匹配的监管方式。对于互联网金融，除了监管，还需要扶持。"

世界互联网大会不仅集中展示互联网发展历程与成就，更是展示了当前国内外互联网行业最新前沿技术与应用成果，也记录了中国从窄带到宽带，从有线到无线，从铜缆到光纤的艰苦历程，一些互联网行内的大佬们也通过媒体，向大家透露了自己企业的最新动向。

"打造一个健康的互联网电视生态圈，让老百姓可以根据自己的爱好、需求长期便利地获取他所需要的高品质电视内容。"华数传媒的董事长励怡青正在干劲满满地推进打造电视秘书计划，让人们重新爱上电视。

SOHO中国即将接入互联网产业。虽然SOHO现在算不上领军企业，但潘石屹也在世界互联网大会上现身了。潘石屹在大会的闭幕式上透露自己是来学习的，而且SOHO中国跟互联网相关的投资计划早就开始，核心是互联网跟房产相结合，预计明年2月份，SOHO中国的这套产品就可以正式上市了。

阿里巴巴重点推出了蚂蚁金服，支付宝跨境支付、支付宝海淘业务成为蚂蚁金服新推出的业务。

作为全球最知名、最老牌的互联网企业，互联网的龙头老大微软公司本次推出了Office365，不仅包括Office应用程序，还包含企业邮箱、在线视频会议、文档协同编辑等诸多功能的云办公软件。

腾讯公司则依托微信推出"连接"主题。在世界互联网大会的展区上，腾讯公司以"连接"为主题展示了一系列的创新成果：可连接微信的雷蛇手环、乐心手环、乐心血压仪，在智能社交穿戴设备、行走运动、关注和分析父母血压等方面的成熟应用，预计未来有很多中国家庭的生活会因此而发生改变。

若单论曝光度，毫无疑问，马云才是绝对的第一。不仅仅因为阿里巴巴公司所取得的成就，更因为马云的个人魅力。峰会开幕前天晚上，马云用了将近两个小时夜游乌镇，还在江边的小镇上花了430块钱吃了一碗羊肉面。值得一提的是，马云并没有通过支付宝扫一扫付账，而是给了餐馆430元的现金。与夜游乌镇的悠闲相比，马云在开幕式上的致辞时间却超不过5分钟，就连发言稿都是在大会上手写的，一共不超过500个字。而且马云在发言的时候还不忘"换个造型"。从前一秒的休闲红毛衣，变成了西装革履。

而马云在世界互联网大会上的演讲更是让人热血沸腾。

"……我相信衡量一个企业，一个人的成功不是你获得了多少权利，不是你赢得了多少财富，也不是你头上有多少光环，而是让你的客人，让你的员工，让你的社会赢得更多的权利，获得更多的资源，获得更多的财富，获得更多的光环，才是真正的成功……

"……我们今天必须要明白一个问题，社会的进步是谁也阻挡不了的，大家说制造业不行，制造业从来就没有不行过，苹果很好，特斯拉也很好，有人说实体不行，实体其实也不错，今天大家说零售行业被电子商务冲击了，但是大家记住没有，20年以前，今天的零售行业冲垮了零售小贩，但是当时他们引领了未来，创造了需求，引领了需求，发现了需求。今天的电子商务，今天的年轻人用互联网的技术发现了需求，创造了需求，今天更诞生出无数的新实体，在我们看到别人这个不对、那个不对的时候，我建议大家多思考一下自己的问题……"

"……整个社会的进步谁也阻挡不了，我们必须学会感恩昨天，没有昨天IT的积累，没有昨天全人类各个知识的积累，我们不可能走到今天。我们要敬畏明天，更要珍惜现在，不管今天在座的，BAT也好，谷歌也好，Facebook也好，不管多了不起，我们在台上的时间并不会太久，珍惜每一天的努力，珍惜每一天的贡献……"

在一个大会上聚集了这么多的行业精英，这种千载难逢的机会确实值得精英们互相逗捧切磋一下。比如世界互联网大会的主持人问到了苹果公司的高级副总裁布鲁斯·塞维尔："雷军先生说他们的公司（小米）可能过5到10年就可以做成世界第一的智能手机公司，对此您有一种危机感吗？"布鲁斯·塞维尔的回复相当淡定："说起来总是容易的，但是做就不那么简单了。"

而雷军非但没有对苹果公司产生敌意，反而看向了马云，幽默地说："梦想还是要有的，万一实现了呢。"

不论精英们如何唇枪舌剑地展示自己，此次的世界互联网大会都预示着：互联网金融3.0时代已经到来。而阿里巴巴也在这条路上坚持不懈，砥砺前行。

四、超前消费，走在前端

曾经有记者问马云："您为什么能看到8年或者10年后的事情？您的愿景与使命是什么？"马云回答说："要多学习，要多聆听，多和优秀的人交谈，多和员工交谈。关于使命与愿景，那就是让天下没有不好做的生意，但这不是我的，是我们的。我作为公司的CEO，比谁都希望早一点离开这个舞台，但是你有资源你就得多做事。我和CEO交流得多，我也不怕人说我说的不对，你喜欢就听，不喜欢拉倒。这几年尽我所能，把我的想法和大家分享下。我不想死在办公室里，我想死在沙滩上。我不希望我80岁的时候还在开董事会。"

或许，这就是阿里巴巴成长为巨兽的原因。马云不止一次在公开场合表示，创建阿里巴巴是自己最大的失误，因为这个公司虽然十分成功，但是占用了自己太多太多的时间。马云表示自己还是很想当回大学老师，于是他在2015年创立了湖畔大学。

湖畔大学是由马云、柳传志、冯仑、郭广昌、史玉柱、沈国军、钱颖一、蔡洪滨、邵晓锋九位著名的成功企业家和学者发起并由他们共同担任首批校董，专注于培养拥有新商业文明时代企业家精神的新一代企业家的学校。

在第三期湖畔学员名单中，包括"饿了么"创始人张旭豪、"快手"

创始人宿华、VIPKID创始人米雯娟、立白集团董事陈丹霞、老板电器总裁任富佳、英雄互娱创始人应书岭、罗辑思维创始人罗振宇等。

马云虽然创办了大学，这所商业精英的大学却不是谁都能进来的，因为湖畔大学的申请条件极为苛刻，湖畔大学官方给的要求是："创业3年以上的企业决策者，年度营收超过3000万元，需提供企业3年完税证明，公司规模超过30人，有3位推荐人，其中至少1位为湖畔大学指定推荐人。"

可以看出，湖畔大学也是在为阿里巴巴的发展做一番谋划。如果把创建一个优秀公司的策略比喻成人类的身体，那么这个身体的上半身就是使命感、愿景、价值观，头脑决定这家公司要去哪里。而下半身就是企业的人才和技术能力，如果人体的上下不配合，那么这个人一定走不远。

使命感是一个企业精神文化中最重要的一点，使命感不是一个人的使命感，而是全企业人共同的使命感，是让加入这个企业的员工都相信这个企业能长长久久。

马云曾经就使命感发表了一段讲话："你们想过没有，你这个企业为什么而存在，也许很多人还没有思考，你不是要问自己，而是问你的员工，随便一个员工过来，跟我讲讲这个公司的使命感是什么？他能说出来，这叫有了，而不是老板说出来，老板要把它做出来。"至于公司的愿景就是公司究竟要去哪里，要发展成什么样子。

阿里巴巴的愿景与使命感是相辅相成、互为依托的。为什么马云没有一开始就把阿里巴巴的目标定在102年？因为他知道阿里巴巴不可能一直顺风顺水。前途是光明的，但是道路一定是曲折的，阿里巴巴经历过减员、裁人、调组织。

阿里巴巴没有什么大的调整，却有很多小调整，因为世界上没有一成不变的事物。阿里巴巴的愿景要有一个时间上的范围，就是说这个公司到底准备开多少年，这个时间要切实可行，而且要让大家为了这个时间而努力奋斗。

还有就是阿里巴巴的价值观，价值观就是做事的方法。没有规矩，不成方圆，如果做一件事的时候没有一个正确的想法，没有一个做事的标准，没有做事的共同达成的方法，又怎么可能让这个企业走得长久呢？

马云能够让阿里巴巴越走越好，跟他的个人魅力是分不开的。在纽交所成功上市后，马云依然没有把金钱看得很重，因为他就是这样一个喜欢共利共赢的人。

"2002年、2003年进入阿里的员工，手里的股票都不少，至少有两三万股，而且坚持到现在的大部分人也都是中高层管理人员。一个以前的同事，他的工号是100多号，当时刚入职就发了2万多股，之后还奖励了不少股票，现在加起来手里至少3万多股，马云很厚道，尽管后来我离开了，手里的股票并不会被收回。目前我手里也有1万多股。"自从阿里巴巴纽约上市之后，该员工的身价也有400多万元。2017年，马云依旧贯彻员工持大部分股的原则，让阿里巴巴和阿里人一起迎接下一次机遇和挑战。

从2017年1月份开始，网上就有关于支付宝"蚂蚁花呗"的各种小段子。蚂蚁花呗是支付宝推出的一款超前消费的软件，目前可以用于天猫和淘宝网的大部分商品上，这种超前消费也大大刺激了淘宝和天猫商城的营业额。

2017年1月19日，马云代表阿里巴巴参加了"冬季达沃斯论坛"的演讲。会上，安德鲁问了马云很多问题，并且把马云的阿里巴巴跟亚马逊等网站做了比较，马云的回答十分出色，其中，有一段话在全世界都掀起了狂热地追捧："我知道整个世界都是充满不确定性的，唯一不变的就是改变。这就是为什么我决定年轻的时候急流勇退的原因，我想要学哲学，我想要做老师。整个世界都是非常棒的，我来世界走一遭，并不是为了工作的，我是为了享受人生的。我想在加勒比海岸的沙滩上幸福地死去。"

马云就是这样一个我行我素、侠肝义胆的企业家，就像业内对他的评价一样，他不只是一个优秀的商人，更是一个天才。马云想要仗剑走天涯的梦想已经在互联网上实现了，他的阿里巴巴究竟能够走多久我们也不得而知，但是他给中国社会带来的变化是大家有目共睹的，希望马云能在成功的道路上越走越远。

五、阿里再次加码物流，构建"天网""地网"连接

2019年3月11日，申通快递发布公告称，阿里巴巴将投资46.65亿元战略入股申通快递。

根据公告显示，交易完成后，阿里巴巴间接持有申通快递的股份约为14.65%。同时，在本次交易完成后，申通还将会与阿里巴巴在物流科技、快递末端、新零售物流等多领域展开进一步的合作。

在2013年，阿里巴巴启动了"中国智能物流骨干网"项目，计划在8到10年时间里，建立起中国的智能物流骨干网。

对于这件事，马云显然非常重视，在2018年5月的全球智能物流峰会上，马云提到300亿美元的投入只是一个开始。在未来，会投入上千亿或是几千亿的人民币来完成智能物流骨干网的构建。

显然，战略入股申通就是其中的重要一步。在入股申通之前，阿里巴巴先后入股了中通快递、圆通速递和百世汇通等快递公司。虽然阿里的一系列投资举措并没有在快递行业掀起太大波澜，但当前快递行业中的竞争俨然已经呈现出集团化竞争趋势。

阿里入股申通，继续加码物流行业，在很大程度上是为了弥补此前阿里在物流方面的短板。当前，在电商领域，阿里巴巴并不是一家独大，拼多多等电商平台正在一点点蚕食阿里的市场份额。

除此之外，伴随着跨境电商、B2B供应链等更多细分垂直领域的出现，阿里巴巴必须要在电商平台之外，构建起一道能够巩固自身市场优势的城墙。而从当前来看，提高阿里系物流的用户体验，构建更为智能便捷的物流网络，无疑成为阿里巴巴的最佳选择。

阿里巴巴所构建的菜鸟网络，可以根据天猫和淘宝的交易与物流信息来搭建一个数据网络。这张数据网络体现在互联网中，甚至是云平台上，可以将其看作是一种存在于"天上的网络"。

除此之外，阿里巴巴还需要在地面上构建起相应的网络，即在全国的各大物流区域，搭建足够多的仓储中心。这些仓储中心通过物流系统相连接，形成位于"地面上的网络"。"地面上的网络"可以借助"天上的网络"来更为高效地布置仓储、调配物流，从而提高物流的效率。

由此，"天网"与"地网"间的链接，将会是阿里巴巴构建智能物流骨干网的关键和基础。为了更好地实现这一点，阿里巴巴必须在此前重视程度严重不足的"地网"方面加大投入。

除了投资快递企业，菜鸟还投资了物流产业链上的其他细分领域，其目的就是为了更好地完成"地网"的构建。

与快递企业合作的更大意义在于，阿里巴巴和菜鸟可以向各大快递公司免费开放电子面单、智能分单等公共基础设施，从而帮助快递公司快速完成对包裹的数字化操作。

而在末端配送方面，阿里巴巴可以通过菜鸟和快递公司一同建立服务更加优质的快递驿站，从而有效延伸快递服务。

对于阿里巴巴来说，单纯通过入股快递企业，并不能提升物流网络的智能性。想要让整个物流网络智能起来，技术上的投入是不可或缺的。

除了通过入股的方式投资快递企业，几年来，菜鸟网络也在不断提升自身的技术水准。

2019年1月22日，菜鸟网络宣布全球首个物联网（IoT）机器人分拨中心启用。在南京的未来园区中，无人仓库、自动化流水线管理和AGV机器人等智能科技将会得到应用。

整个园区的占地面积达到2000平方米，有超过350台小件机器人工作，每天能完成50万件货物的分拣工作。可以想象，当这些智能机器一同工作时，其场面一定是非常壮观的。

菜鸟网络的这一举措正是顺应物联网技术发展，提升物流网络效率的重要表现。菜鸟网络CTO谷雪梅表示，2019年后物联网将会成为最为重要的技术趋势，同时将决定未来5到10年的物流业竞争格局。

在2018年，物流行业已经形成了"1+8+N"的网络协同效应。正是在这一年，菜鸟网络也宣布全面开展IoT战略，将大量前沿的、新兴的科技带入到物流领域，并开展广泛而深入地应用实践。

对此，谷雪梅说："这是我们认为IoT将在未来成为最重要技术趋势的原因，特别是在物流领域。在IoT的连接下，物流行业将迎来新的黄金十年，成为推动商业升级变革的关键基础设施。IoT将给传统物流装上数字化升级的翅膀，带领全球物流行业进入新的时代。"

对于IoT技术，谷雪梅认为其需要与机器学习、人工智能、区块链等技术相结合，在此基础上，其才能展现出巨大的商业价值。

2018年，菜鸟柔性自动化解决方案成为行业领先技术。为了更好地适应电商品类多、业务波动大等特点，菜鸟网络在大数据技术指导下，已经在无锡未来园区上线了中国最大的机器人仓库。

在2020年，菜鸟将继续发力物联网技术，提高物流处理水平，并在努力推动物流行业从人力密集型向资本和技术密集型转变。

在2020年，围绕着物联网技术，人工智能、区块链、机器视觉、柔性自动化等技术必将在物流行业掀起一阵技术热潮。

六、裂变之路，从未停止

20 世纪末，阿里巴巴在马云的带领下，孤零零地站在互联网经济的起跑线上。彼时，无论是阿里巴巴还是互联网，其形势看上去都不是很有利。虽然许多人都注意到时代的东风，马云和阿里巴巴却显得有些势单力薄。

转眼，阿里巴巴已经走了近二十年，成长为国内最大、最赚钱、最有影响力的互联网巨兽。很多人回忆起阿里巴巴的名字，都感到它的成功也是一样近乎神话。

阿里巴巴作为全球最有影响力的互联网公司之一，收到了来自世界各地各大权威媒体的好评与赞赏。

2019年年初，美国的《财富》杂志在"蓝丝带"榜单中写下了阿里巴巴的名字。这是中国公司第一次获得这一殊荣，入选"蓝丝带"，意味着阿里巴巴一年中至少四次入选榜单。在不久之前，阿里巴巴刚刚拿下《财富》"全球最受赞赏公司全明星榜"，这意味着阿里巴巴的全球影响力已日益凸显。

值得一提的是，就在入选"蓝丝带"榜单的当天，阿里巴巴发布了第三季度的财报，根据财报显示，阿里巴巴集团的收入同比增长了41%，达到了1172.78亿元。

2019年刚一开始，阿里巴巴集团就向公众公布了去年的成绩单。阿里巴巴不但帮助千万个中小企业实现了数字化转型，还让中国的数字时代走进世界前端。

阿里巴巴集团CEO张勇说："今天我们面临的数字经济时代，和瓦特发明蒸汽机的时代同样重要。工业时代和数字经济时代均创造了大量机会，在创造需求的过程中诞生新的动能和可能。阿里巴巴作为典型的平台型企业，具有社会属性，担当着重要的社会责任，在乱云飞渡中创造新的机遇和价值，企业才有立身之本，这个道理亘古不变。"

正是出于与挑战并肩而行的精神，阿里巴巴才每年向公众公布系列数字。在这一串串数字中，阿里巴巴不断裂变、复制，壮大自己，也回馈社会。

截至2019年，阿里巴巴给社会创造了3600万个就业机会，这种依靠解放生产力来发展生产力的方法，为社会提供了"创业式就业"，产生了极大的社会价值。只有依靠社会、反哺社会的企业，才能像阿里巴巴这样，做一个102年的企业梦。

在这些就业数字中，天猫、淘宝、饿了么、菜鸟联盟等子公司都给社会交上了满意答卷。

根据报告显示，饿了么的外卖骑手中，有77%来自农村，还有9%为女性骑手。在大城市中，他们为了创造更美好的生活选择这份职业，并且在城市中发光发热。

饿了么不仅带动了就业，也促进了环保。数据显示，饿了么的某位消费者在一年内点了300单"无须餐具"的外卖，获奖励全年免单，而"盒马鲜生配送箱"，以及冰袋的反复回收利用，也实现了配送"零耗材"的可能。

菜鸟包裹也是如此，前面已经提到，阿里巴巴对物流服务非常重视。

天猫、淘宝是菜鸟联盟的物流来源站，每天有超过1亿单包裹使用菜鸟电子下单，为社会物流节约了成本。

菜鸟联盟不仅专注物流，还带动了四分之一的中国人一起做公益。阿里巴巴出台了这样一项举措，"你每养成一棵树，我们就种下一棵真树。"两年多来，人们在蚂蚁森林中种下了很多树，而阿里巴巴也在地球上种下了5552万棵真树。从阿拉善到和顺，阿里巴巴帮助中国种出了一个个"塞罕坝"希望。

在2018年5月23日，阿里巴巴还启动了"绿色物流2020计划"。在物流行业中，菜鸟联盟是最早推出"生物降解快递袋"及免胶带纸箱的。菜鸟包裹的电子单每年节省300多亿张纸质运单，而"智能打包算法"也能帮助减少15%的包材使用。此外，其还将"绿色包裹"引进了物流业，为绿色环保做出了贡献。

除此之外，阿里巴巴还进行了自我迭代，给中小企业提供基础设施和平台，为中国打开了电子商务的数字经济时代。

天猫、淘宝是消费者的天堂。据悉，天猫新零售中涵括了20万个品牌，蚂蚁金服的注册服务也超过了1000万。在数字经济时代，阿里巴巴始终秉持着"让天下没有难做的生意"的信念，甚至还启动了100亿资金，促进未来农业从B2C走向C2B。

看上去，阿里巴巴就是这样一个亲民的企业，但在人们纷纷"剁手"的背后，阿里巴巴已经开始前沿科技的开发。未来已来，只有不断创新，才不会被时代淘汰。

新零售、云计算、移动支付、智慧物流等，已经成为阿里巴巴领军众企业的标识。在自我创新和社会服务方面，阿里巴巴一直在不断前行。

为了以人类愿景为驱动力进行研究，阿里巴巴专门在全球多个地方设立了科研机构——达摩院，致力于探索未知科技，立足于科学研究。3年来，阿里巴巴向达摩院投入了1000亿元。

得益于对科技的不断探索追寻，2018年底，阿里巴巴入选"全球主要企业创新力排行榜"的前十名，也是唯一闯入榜单前十的中国企业。

诚如张勇所说："数字技术对整个社会的影响将是全方位的。过去十几年，当讲到数字技术的时候，更多是对经济、消费者、个人生活方式的影响。我相信面向未来的10年、20年，数字技术和它所承载的新一代互联网，一定会对社会经济、商业、人文、民生等各个领域产生全方位的影响。"

未来，阿里巴巴还在努力。